D1723503

Jana Immisch

Geschlechtersensibler Erwerb von Computerkompetenzen

Muss das Prinzip der Koedukation hinterfragt werden?

Bachelor + Master
Publishing

Immisch, Jana: Geschlechtersensibler Erwerb von Computerkompetenzen: Muss das Prinzip der Koedukation hinterfragt werden?, Hamburg, Bachelor + Master Publishing 2013
Originaltitel der Abschlussarbeit: Geschlechtersensibler Erwerb von Computerkompetenzen: Muss das Prinzip der Koedukation hinterfragt werden?

Buch-ISBN: 978-3-95684-037-1
PDF-eBook-ISBN: 978-3-95684-537-6
Druck/Herstellung: Bachelor + Master Publishing, Hamburg, 2013
Covermotiv: © Kobes · Fotolia.com
Zugl. Fachhochschule Merseburg, Merseburg, Deutschland, Bachelorarbeit, August 2012

Bibliografische Information der Deutschen Nationalbibliothek:
Die Deutsche Nationalbibliothek verzeichnet diese Publikation in der Deutschen Nationalbibliografie; detaillierte bibliografische Daten sind im Internet über http://dnb.d-nb.de abrufbar.

© Bachelor + Master Publishing, Imprint der Diplomica Verlag GmbH
Hermannstal 119k, 22119 Hamburg
http://www.diplomica-verlag.de, Hamburg 2013
Printed in Germany

„Es ist schlimm genug, […] daß man jetzt
nichts mehr für sein ganzes Leben lernen kann.
Unsere Vorfahren hielten sich an den Unterricht, den sie in ihrer
Jugend empfangen; wir aber müssen jetzt alle fünf Jahre umlernen,
wenn wir nicht ganz aus der Mode kommen wollen."

(aus Goethe, Die Wahlverwandtschaften, 1908 (vgl. Goethe 1915, S.30))

Inhaltsverzeichnis

1. Einleitung

„*Medienkinder von Geburt an*" (Theunert 2007, S.9) hieß es auf einer Tagung des Instituts für Medienpädagogik in Forschung und Praxis (JFF). Hervor ging dabei, dass ein medienfreier Raum „Kindheit" Illusion sei (vgl. Theunert/Demmler 2007, S.92). In Betracht dazu kommt, dass im Schulgesetz des Landes Sachsen-Anhalt verbindlich festgelegt wurde, dass Schüler bereits im Grundschulalter an den reflektierenden Umgang mit verschiedenen Medien (als Informations- und Kommunikationsmittel) heranzuführen sind (vgl. Kultusministerium Sachsen-Anhalt, Grundsatzband 2007, S. 9, vgl. URL 1). Daran ist abzulesen, dass im 21. Jahrhundert Medienkompetenz ein Teil von Lebenskompetenz geworden ist und ihre Vermittlung ein Bestandteil des Aufwachsens darstellt (vgl. Zacharias 2005, S.30). Die jährlich erhobene KIM-Studie bestätigt diese Annahme und machte 2010 deutlich, dass vor allem der Computer nicht mehr aus der Kindheit wegzudenken ist. Bereits für Sechs- bis Siebenjährige ist der Computerumgang in der Schule, als auch zu Hause für die Schule eine vertraute Realität (vgl. KIM-Studie 2010, S.29f, vgl. URL 2).

Grundlegende Computerkenntnisse müssten demzufolge bereits im Elementarbereich erworben werden. Bislang liegen jedoch nur wenige empirisch fundierte Untersuchungen im frühkindlichen Bereich, im Zusammenhang mit dem Erwerb von Medienkompetenzen, vor (vgl. Luca/Aufenanger 2007, S.25). Im Altersbereich der Vier- bis Fünfjährigen gibt es nur vereinzelt Forschungen darüber, wie diese Altersgruppe lernt (vgl. Hasselhorn 2011, S.19).

Kompetenzen erwerben die Kinder im Schulunterricht auf Basis koedukativer Unterrichtung. Monoedukative Strukturen lassen sich ebenso kaum im Elementarbereich auffinden. Demnach hat sich das Prinzip der Koedukation, im staatlichen Elementar- und Primarbereich des 21. Jahrhunderts durchgesetzt. Kinder lernen folglich in gemischtgeschlechtlichen Gruppen oder Klassen zusammen. Dabei wirft sich die Frage auf, ob dieses koedukative Prinzip sich im Hinblick zum Erwerb von Computerkompetenzen bewähren kann?

Ausnahme jener koedukativen Regelung im Schulbereich, stellt der Sportunterricht dar. Auf Grund der offensichtlichen körperlichen Entwicklungsunterschiede zwischen Mädchen und Jungen gestaltet sich der Sportunterricht überwiegend getrenntgeschlechtlich. Doch sollten die Geschlechterunterschiede nur im Sportunterricht geschlechtersensible behandelt werden?

Aus all diesen Sichtweisen ergeben sich zwei zentrale Fragestellungen: *„Sollte der Erwerb von Computerkompetenzen geschlechtersensibel erfolgen und muss diesbezüglich das Prinzip der Koedukation bei Kindern unter sechs Jahren hinterfragt werden?"* Mit diesen Fragen wird sich die vorliegende Arbeit auseinandersetzen. Im Fokus der Erarbeitung steht dabei vorrangig der Elementarbereich (Kindergarten) und folglich die frühkindliche Entwicklung von Mädchen und Jungen bis sechs Jahre.

Um die Fragestellung beantworten zu können, wird es als notwendig erachtet, sich mit der Herleitung des Koedukationsprinzips im Elementar- und Primarbereich näher zu befassen (vgl. Kapitel 2). Dabei wird ein geschichtlicher Abriss verdeutlichen, wie es zur Etablierung einer koedukativen Unterrichtung gekommen ist (vgl. Kapitel 2.2.). Folglich wird der gegenwärtige Umgang bezüglich der Medienarbeit im Elementarbereich veranschaulicht (vgl. Kapitel 2.4). Im Anschluss wird das Kapitel 3 die frühkindliche Entwicklung aufzeigen. In näherer Betrachtung stehen dabei die Entwicklung des Gehirns und sprachliche Fähigkeiten, sowie das frühkindliche Spielverhalten (Kapitel 3.3 bis 3.5). Nachdem gemeinsame frühkindliche Entwicklungsstufen aufgezeigt wurden, befasst sich das Kapitel 4 ausschließlich mit der Untersuchung geschlechtsspezifischer Entwicklungsunterschiede. Veranschaulicht wird dies durch die differenzierte Betrachtung verschiedener Sozialisationsinstanzen Eltern, Geschwister, Kindergarten, Gleichaltrige und Medien (vgl. Kapitel 4.2.2 bis 4.2.6). Das Kapitel 5 verbindet, alle aus den vorherigen Kapiteln gewonnenen Ergebnisse und stellt argumentativ eine Beantwortung der zentralen Fragestellungen auf. Berücksichtigt wird dabei welches frühkindliche Lebensjahr ein Einstiegsalter für den Erwerb von Computerkompetenzen darstellen könnte (vgl. Kapitel 5.1). Des Weiteren wird begründet, weshalb Mädchen und Jungen unterschiedlich an das Themengebiet herangeführt werden sollten (vgl. Kapitel 5.2.). Das Kapitel schließt folglich mit einer Argumentationsführung, bezüglich der Frage nach dem Koedukationsprinzip im Elementarbereich, ab (vgl. Kapitel 5.3). Im Schlusswort werden weiterführende Gedanken geäußert (vgl. Kapitel 6).

Um die zwei zentralen Fragestellungen hinlänglich zu erarbeiten, wurden überwiegend diverse Primär- und Sekundärliteratur herangezogen, ebenso wie empirische Erhebungen (KIM-Studie 2010, Studie von Rost und Pruisken).

Es soll der Einleitung abschließend angemerkt sein, dass diese Arbeit auf der Grundlage der Komplexität des Themas und dem begrenzten Umfang einer Bachelorarbeit, keinen Anspruch auf Vollständigkeit oder Absolutheit erhebt.

2. Das Prinzip der Koedukation im Primar- und Elementarbereich

Koedukation und seine Vermittlungsweise unterliegen über die Jahrhunderte hinweg, dem bestehenden Zeitgeist. Ob der „perfekte", kindgerechte Unterricht in der Primarstufe und darüber hinaus monoedukativ oder koedukativ vermittelt werden sollte, ist bis heute Gegenstand vieler Debatten. Wie sich der koedukative Unterricht gegenüber der monoedukativen Unterrichtsform herauskristallisieren konnte und was es in diesem Zusammenhang mit der Medienarbeit auf sich hat, soll im vorliegenden Kapitel näher beleuchtet werden. In der Betrachtung liegt dabei der Fokus vorrangig auf der Primarstufe (1.bis 4. Klassenstufe), um das Prinzip Koedukation ab dem 20. Jahrhundert bis heute im Schulbereich nachvollziehbar werden zu lassen. Doch bevor genauer darauf eingegangen werden kann, muss zuerst geklärt werden, was man im 21. Jahrhundert unter Koedukation versteht.

2.1 Begriffsklärung Koedukation

Neuenhausen (2009) stellt dazu fest, dass der Koedukationsbegriff auf eine gemeinschaftliche Erziehung hinweist, jedoch nicht genau aussagt, wer gemeinschaftlich erzogen werden soll (vgl. URL 3). Heute versteht man im Allgemeinen darunter die gemeinschaftliche Erziehung von Jungen und Mädchen außerhalb der eigenen Familie (vgl. Gerstberger 2000, vgl. URL 4). Von Koedukation wird im 21. Jahrhundert erst dann gesprochen, wenn ein gemeinsames Unterrichtskonzept vorliegt. Dieses pädagogische Konzept muss auf die Gemeinsamkeiten, als auch auf die Unterschiede zwischen den Geschlechtern abgestimmt sein, so Neuenhausen (2009). Kraul (1999) verweist darauf, dass der Begriff in ein „Spannungsfeld oder Geflecht von Bildungstheorie, Geschlechtertheorie, gesellschaftlichen Voraussetzungen und ideologischen Positionen, wie institutionellen Bedingungen [eingebunden ist]" (Kraul 1999, S.21). Damit wird deutlich, dass die Bedeutung, im genauen Verständnis, dem Zeitgeist unterliegt. Was bleibt ist jedoch die Kernaussage des Begriffs, dass es sich dabei um eine Gemeinschaftserziehung von Mädchen und Jungen handelt (ebd.).

Anschließend soll ein geschichtlicher Abriss, beginnend im 20. Jahrhundert, die Entwicklung koedukativen Unterrichts in der Primarstufe nachvollziehbar werden lassen und aufzeigen, wobei das Prinzip Koedukation in der Medienarbeit Anwendung findet.

2.2 Geschichtlicher Abriss des Unterrichts in der Primarstufe, ab 20. Jahrhundert

Mit der Einführung der allgemeinen Schulpflicht 1919 (in der Weimarer Verfassung einheitlich für ganz Deutschland festgeschrieben), stand „das Kind" vorerst nicht im Mittelpunkt der Betrachtung, sondern politisch-gesellschaftliche und kirchliche Belange gaben den Ausschlag, wie unterrichtet werden sollte (vgl. Faulstich-Wieland 1991, S.10). In der Weimarer Republik (1918/19 bis 1933) wurde das Prinzip der Koedukation, im Sinne eines gemeinschaftlichen Unterrichts, noch nicht eingesetzt (ebd., S.27). Tendenzen dahingehend entwickelten sich jedoch allmählich (ebd.). Mit dem Reichsgrundschulgesetz (1920) wurde das Schulwesen eingeführt. Die Volksschule (= der Grundschule), die heutige Primarstufe, musste danach von jedem Kind vier Schuljahre lang besucht werden. Der enorme Einfluss der Kirche auf das Schulwesen äußerte sich auch durch Geschlechtertrennung in den Schulklassen. Somit war das Prinzip der Monoedukation Anfang des 20. Jahrhunderts, auf Grund religiöser Einwände und gesellschaftspolitischer Regelungen, etabliert (vgl. Steinhaus 1966,S.45). Dennoch wurden erste Überlegungen von Staatsseiten angestellt, wie man am besten die Bildungsinhalte vermitteln könnte (vgl. Kraul 1999, S.29). Das Prinzip der Koedukation im Bildungssystem konnte sich zu jener Zeit zwar nicht durchsetzen, doch waren weibliche Bildungsinhalte identisch mit denen der männlichen. Koedukativer Unterricht fand nur Bestand in der Landerziehungsheimbewegung[1], einer aufkommenden reformpädagogischen Strömung (vgl. Faulstich-Wieland 1991, S.27). Das Konzept der Odenwaldschule zum Beispiel, betrachtete *„[...] die Verschiedenheit der Geschlechter als eine Möglichkeit zur gegenseitigen Ergänzung"* (Kraul 1999, S.30).

Während der Zeit des Nationalsozialismus (1933-1945) änderte sich die monoedukative Bildungsansicht nicht. Durch das neue Reichsschulpflichtgesetz (1938), wurden lediglich Regelungen hinsichtlich der schulpflichtigen Zeit und der Schulformen erlassen. Darin wird u.a. die Schulpflicht aller Kinder, während der ersten vier Schuljahre, mit dem Besuch der Volksschule festgelegt. Monoedukation wurde im nationalsozialistischen Staat unterstützt und befürwortet. Demnach wurden Mädchen und Jungen nach nationalsozialistischen, ideologischen Zielsetzungen getrenntgeschlechtlich Unterrichtet. Das heißt, die Mädchen wurden auf ihre zugewiesene spätere Rolle als Mutter, Hausfrau und Ehefrau, die Jungen für die späteren Verwendung im militärischen Bereich, erzogen und beschult.

---

[1] Auf Grund der geschlechtsunterschiedlichen Charaktere, von Jungen und Mädchen, sah man im koedukativen Unterricht eine geeignete Erziehungsform zur Herausbildung einer eigenen Persönlichkeit (vgl. Faulstich-Wieland 1991, S.27; vlg. Kraul 1999, S.30).

Mit dem Zusammenfall des dritten Reichs (1945) und den damit beginnenden Neustrukturierungen, unterteilten die Besatzungsmächte Deutschland in vier Zonen, aus denen sich zwei neue Republiken gründeten. In der Deutschen Demokratischen Republik (DDR) wurde das Prinzip der Koedukation, auf Grundlage eines Gesetzes von 1946, allmählich in den Schulen eingeführt (vgl. Kemnitz 1999, S.97). Gleichberechtigung war ein Argument für die Überlegenheit des sozialistischen Systems und wurde damit auch zu einer bedeutsamen politischen Angelegenheit bestimmt (ebd.). Lediglich ein Abweichen gemischtgeschlechtlichen Unterrichts wurde zugelassen, wenn auf Grund von Besonderheiten eine Unterrichtstrennung notwendig wurde (ebd., S.85). Der Turnunterricht stellte neben dem Fach Nadelarbeiten (für Mädchen obligatorisch) und Werkunterricht (für Jungen obligatorisch) eine solche Ausnahme dar. Durchsetzen konnte sich diese Unterrichtstrennung vorerst nur vereinzelt. Durch die klare Trennung von Kirche und Staat hatte das Prinzip der Koedukation nun eine Chance. Zudem befürwortete die sozialistische Ideologie diese Unterrichtsform. In der Bundesrepublik Deutschland (BRD) kam es nicht zur strikten Trennung von Kirche und Staat, so hatte die Kirche immer noch einen starken Einfluss auf die Unterrichtsweise der Bildungsanstalten. In den 60er Jahren konnte sich in der Schullandschaft das Prinzip der Koedukation, trotz des kirchlichen Einflusses, auch hier durchgesetzt (vgl. Kraul 1999, S.33). Dabei ist zu erwähnen, dass den koedukativen Schulen die Lehrpläne und Inhalte aus den Jungenschulen übertragen und somit den Mädchen „übergestülpt" worden sind (vgl. Jansen-Schulz 2004, S.24). Im reformpädagogischen Bereich (Odenwaldschule, wurde weiterhin am koedukativen Unterricht festgehalten (vgl. Steinhaus 1966, S.46)). Neben der Odenwaldschule gab es nun weitere reformpädagogische Schulsysteme, wie zum Beispiel das der Freien Waldorfschule (ebd.).

Faulstich-Wieland (1991) und Kraul (1999) positionieren sich am Ende des 20. Jahrhunderts in der Weiterführung koedukativen Unterrichts. Sie sahen darin die Möglichkeit, Vorurteile und Diskriminierungen durch das männliche Geschlecht abbauen zu können. Indem beide Geschlechter gleich behandelt, demnach gleich und zusammen unterrichtet werden, so Faulstich-Wieland (1991), kann man dies abbauen. Wenn man keine dauerhafte und trennscharfe Kategorisierung in weiblich und männlich unternimmt, so Kraul (1999) in diesem Zusammenhang, kommt es auch nicht zu gesellschaftlich begründeten Geschlechtsunterschieden. Chancengleichheit und die Emanzipation der Frau fanden zum Ende des 20. Jahrhunderts endlich Gehör und Zuspruch. Im 21. Jahrhundert trug dies wesentlich zur Ausformung eines Bewusstseins für die Gleichberechtigung der Geschlechter und einer Verankerung dieses Verständnisses im Grundgesetz bei (vgl. Kraul 1999, S.34).

Heute ist das Prinzip der Koedukation im deutschen, staatlichen Schulbetrieb fest verankert und Monoedukation eher die Ausnahme in privaten Schulsystemen, als die Regel. Im Grundgesetz Art.3[2] sind alle Menschen gleich zu behandeln. Aus diesem Grund wird in Deutschland die Gleichberechtigung des weiblichen und männlichen Geschlechts u.a.[3] ebenso im Schulbereich durch koedukative Unterrichtung bewahrt. Koedukation ist hier ein gemischtgeschlechtlicher Unterricht mit pädagogisch auf die Geschlechter, abgestimmten Konzepten. Im Kapitel 2.1 fasste Kraul (1999) eingangs die Faktoren trefflich zusammen, welche einen Einfluss auf das Verständnis und deren inhaltliche Umsetzung nehmen können. Das Prinzip der Koedukation unterlag und unterliegt auch weiterhin dem geschichtlichen Spannungsfeld von Bildungstheorie, Geschlechtertheorie, gesellschaftlichen Voraussetzungen und ideologischen Positionen (ebd., S.21).

Damit konnte erkenntlich gemacht werden, aus welchen Gründen, im 21. Jahrhundert, sich das Prinzip der Koedukation in der deutschen, staatlichen Schullandschaft durchsetzte und bis dato Bestand hat. Doch dieses Prinzip findet nicht nur im schulischen Bereich statt. Koedukation, also eine Gemeinschaftserziehung von Mädchen und Jungen findet auch im Elementarbereich (bis 6 Jahre) statt. In Kindergärten (= Kindertagesstätten) werden Mädchen und Jungen gemeinsam erzogen und gebildet (vgl. Kita-G Sachsen-Anhalt). Bildung im 21. Jahrhundert fängt nämlich nicht erst in der Schule an, sondern während der frühen Kindheit. Bereits 2006 wird vom Bundesministerium für Familie, Senioren, Frauen und Jugend (BMFSFJ), im „Kinder- und Jugendreport zum Nationalen Aktionsplan (NAP)" gefordert, dass gerade diese Einrichtungen Bildung zugänglich machen müssen, um sozial benachteiligten Kindern eine diesbezügliche Chancengleichheit zu gewährleisten (vgl. BMFSFJ 2006, S.17).

Der Vormarsch der Medien, vor allem der „neuen Medien" ist nicht mehr nur Gegenstand schulischer Bildungsinhalte, sondern seit Ende des 20. Jahrhunderts auch Gegenstand der Bildungsdebatten im Elementarbereich. Chancengleichheit durch Bildung trifft zudem auf dem Bereich der vorschulischen Bildungseinrichtungen (u.a. Kindergarten, Hort) zu. Bevor näher zur Situation im Elementarbereich eingegangen werden kann, wird vorerst der Medienbereich und seine Ein- und Unterteilung verdeutlicht.

---

[2] Art 3 GG (vgl. URL5)
(1) Alle Menschen sind vor dem Gesetz gleich. (2) Männer und Frauen sind gleichberechtigt. Der Staat [...] wirkt auf die Beseitigung bestehender Nachteile hin. (3) Niemand darf wegen seines Geschlechtes [...] benachteiligt oder bevorzugt werden. Niemand darf wegen seiner Behinderung benachteiligt werden.
[3] Es handelt sich hierbei um eine im Text verwendete Abkürzung u.a. für „unter anderem", welche weiterführend gebräuchlich bleiben wird.

2.3 Medien: „alte Medien" und „neue Medien"

Ein neues Arbeitsfeld für pädagogische Institutionen mit einem Bildungsauftrag (wie Kindergarten und Schule), stellen die „neuen Medien" dar. Die nachfolgende Abbildung 1 verdeutlicht, welche Medien dem Begriff „alte Medien" und welche den „neuen Medien" zugeordnet werden.

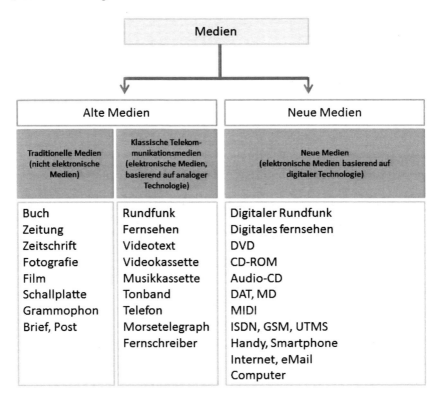

Abb. 1: Schaubild „alte Medien" und „neue Medien"
Quelle: eigene Darstellung nach URL 6 (Ergänzung Hoppe/Josting 2006, S.11)

In der Abbildung 1 wird kenntlich, dass der Bereich der „alten Medien" sich in traditionelle Medien und klassische Telekommunikationsmedien aufschlüsselt. Die „neuen Medien" werden nach dieser Darstellung nicht weiter unterteilt. Ausschlaggebend für die Einordnung ist es, ob es sich um nicht elektronische, elektronische-basierend auf analoger Technologie oder um elektronische- basierend auf digitaler Technologie handelt. Der Tabelle ist zu entnehmen, welche Medien sich in welchem Bereich einordnen lassen. Für die weitere Erarbeitung ist der Bereich der „neuen

Medien", genauer gefasst der Computer von Interesse. Diesem wird sich im Kapitel 5 näher zugewandt und eine Verbindung gezogen zur Thematik Koedukation und Geschlecht. Das nachfolgende Kapitel wird die Entwicklung der Medienbildung im Elementarbereich zum Ende des 20. Jahrhunderts bis heute aufzeigen.

2.4 Medienarbeit im Elementarbereich, Ende 20. Jahrhundert bis Heute

Auf der Jugendministerkonferenz (JMK) der Bundesrepublik Deutschland 1987 wurde sich vehement gegen den Einsatz von Computer- und Videospielen, sowie Fernseh- und Videofilmen ausgesprochen (vgl. Reichert-Garschhammer 2007, S.79). Sie galten als ungeeignete pädagogische Medien für den Einsatz im Kindergarten (ebd.).

Die Medienarbeit, so Stolzenburg (1995), verfolgt u.a. das Ziel, Mädchen und Jungen dazu zu befähigen, eigene Interessen und Sichtweisen zu erkennen und zu benennen. In einer Gesellschaft, in der sich Geschlechterrollen stetig ändern und anpassen, ist es der Koedukation kaum möglich dem Gerecht zu werden (vgl. Stolzenburg 1995, S.150). Themen werden in eingeschlechtlichen Gruppen anders ausgeleuchtet, als in gemischtgeschlechtlichen Gruppen (ebd., S.153). Wenn Lerninhalte bis zur Beherrschung getrenntgeschlechtlich angeeignet wurden, kann anschließend im Austausch mit dem anderen Geschlecht (beim miteinander spielen am Computer) das Wissen in Interaktion Anwendung finden. Darin eignen sich die Kinder für das Leben wichtige soziale Kompetenzen an (ebd.).

1996 wurde u.a. auf Grundlage eines festgestellten Wirkungsverlustes des gesetzlichen Jugendmedienschutzes sowie der deutlichen Zunahme von Gewalt und pornografischen Darstellungen in den Medien, auf der Ministerpräsidentenkonferenz (MPK) in Auftrag gegeben, die Medienkompetenz der Kinder frühzeitig zu stärken (vgl. Reichert-Garschhammer 2007, S.80). Die JMK nimmt sich diesem Auftrag an und kommt zu dem Ergebnis, dass vor allem im Bereich der Leitmedien von Kindern (Fernsehen, Video und Computer) eine Notwendigkeit pädagogischen Handelns besteht (ebd.).

In der Umsetzung sah es mit dieser Zielsetzung nicht so einheitlich aus. In den 16 Bundesländern wurde das Problem auf unterschiedlichste Weise angegangen. 2002 zum Beispiel haben neun von 16 Bundesländern in der Erzieherausbildung Medienpädagogik verankert. Erst 2006 verfolgen alle 16 Bundesländer Rahmenpläne für die frühe Bildung in Kindertageseinrichtungen (ebd.). Ansätze medienpädagogischer Arbeit in Kindertageseinrichtungen knüpfen nun an den Medienerfahrungen des Kindes an und werden durch mediendidaktisches Handeln des pädagogischen Personals aufgearbeitet und begreifbar gemacht (ebd., S.81).

2012 sind die neuen Medien nicht mehr aus der Gesellschaft wegzudenken. Man spricht 2006 auf einer Tagung vom Institut für Medienpädagogik in Forschung und Praxis (JFF) von *„Medienkindern von Geburt an"* (Theunert 2007, S.9). Damit steht außer Frage, dass Kinder pädagogisch an die „alten" als auch an die „neuen Medien" herangeführt werden müssen. Wie eine Heranführung umgesetzt werden könnte und was dabei noch eine Rolle spielt, wenn es zur Betrachtung des Computers, unter Einbezug eines geschlechtersensiblen Erwerbs von Computerkompetenzen geht, wird im Kapitel 5 aufgeführt. Zuvor ist die frühkindliche Entwicklung zu betrachten, um spätere Rückschlüsse für die eingangs gestellten Fragen ziehen zu können.

3. Frühkindliche Entwicklungen, bezogen auf die Entstehung der eigenen Geschlechtsidentität, Geburt bis sechs Jahre

Um ein Verständnis für die Zusammenhänge zu bekommen, welche Faktoren einen Einfluss darauf haben, wie sich ein Kind entwickelt, werden im Folgenden biologische und soziale Einflussfaktoren näher beleuchtet. Dieses Kapitel befasst sich im Schwerpunkt mit der geschlechtsspezifischen Entwicklung nach der Geburt, jedoch muss aus Verständnisgründen vorerst kurz zusammengefasst werden, wie sich das Geschlecht vorgeburtlich prägt, um folgend die Einflussfaktoren nach der Geburt aufzuzeigen.

In den Ausführungen dieser Arbeit wird grundsätzlich vom Idealtyp „weiblich" oder „männlich" ausgegangen. Abnormitäten[4], Behinderungen, Krankheiten oder Ausnahmefälle finden dabei keine weitere Berücksichtigung. In der vorliegenden Arbeit werden Bezeichnungen verwendet, welche im Zusammenhang mit dem Lebensjahren des Kindes stehen und in zwei Jahresabständen definiert sind. Die Abbildung 2 dient diesbezüglich der Veranschaulichung.

Bezeichnung	Kleinkind	Kindergarten	Vorschule	Übergang Grundschule
Lebensjahr	1 bis 2	3 bis 4	5 bis 6	7 bis 8

Abb. 2: Bezeichnung des Kindes im Zusammenhang seiner Lebensjahre
Quelle: eigene Darstellung nach Demmler 2005, S.72

3.1 Vorgeburtliche, biologische Einflussfaktoren

Im englischsprachigen Raum als „sex" bezeichnet, finden im deutschsprachigen Raum zwei Begriffe Anwendung. Der des genetischen und der des biologischen Geschlechtes (vgl. Diefenbach 2010,S.255). Ob ein Kind weiblichen oder männlichen Geschlechts ist, wird hinsichtlich der Chromosomen und anatomischen Merkmale bestimmt (vgl. Eliot 2010, S.11).

In den ersten neun Monaten, während der sogenannten pränatalen Phase, bildet sich ein weibliches oder männliches Geschlecht im Mutterleib aus (vgl. Eliot 2010, S.88; vgl.

---

[4] Mit Abnormität ist in diesem Kontext jegliche Abweichung frühkindlicher Entwicklung, vom Normalen, gemeint.

Hannover 2008, S.380). Doch Äußerlichkeiten können zu falschen Rückschlüssen führen, denn mit entscheidend, in wie weit sich ein Kind „weiblich" oder „männlich" fühlt, findet im Gehirn statt und nicht auf Grund äußerlicher Geschlechtsmerkmale.

Die Aktivitäten der Hormone und Gene haben nicht nur Auswirkungen auf die Entwicklung der Fortpflanzungsorgane, sondern auch einen bedeutsamen Einfluss auf die Gehirnentwicklung des Fötus (vgl. Eliot 2010, S.52). Je nach Zusammensetzung des Fruchtwassers, wird ein weiblich oder männlich orientiertes Gehirn angelegt. Eliot (2010) beschreibt in diesem Zusammenhang, dass vermutlich u.a. die Hormone Östrogen und Testosteron für die geschlechtliche Ausdifferenzierung des kindlichen Gehirns die Ausschlaggeber sind. Somit ist die Entwicklung eines Geschlechtsbewusstseins angeboren (ebd., S.187). Denn vor allem im Fall von nonkonformen Geschlechterrollenverhalten[5] ist ein Beweis dafür abzulesen, dass die Geschlechtsidentität weitgehend auf angeborene Faktoren zurückzuführen ist (ebd., S.178f). Das Geschlecht ist demnach vorgeburtlich festgelegt. Die Orientierung des Gehirns ebenso. Wie die Abbildung 3 verdeutlicht, gibt es unzählige Abstufungen von weiblichem Geschlecht und weiblich bis männlich orientiertes Gehirn, bis zu männliches Geschlecht und männlich bis weiblich orientiertes Gehirn.

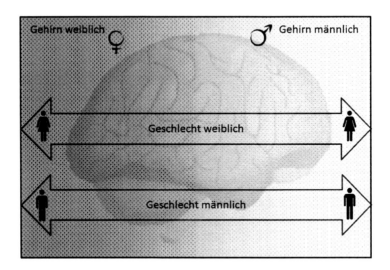

Abb. 3: Schaubild: Zusammenhang Geschlecht und Orientierung des Gehirns

---

[5] Nonkonformes Geschlechterrollenverhalten beschreibt, dass jungenhalte Mädchen oder mädchenhafte Jungen trotz negativer Reaktionen zu ihren Äußerungen oder Interessenneigungen einstehen. Da sie diese Außenwirkungen nicht in ihrem Verhalten beeinflussen, kann man davon ableiten, dass die Geschlechtsidentität angeboren ist (vgl. Eliot 2010, S.180f).

In dieser Arbeit soll jedoch nur darauf hingewiesen, nicht näher eingegangen werden. Doch mit der Geburt des Kindes wird keine Berücksichtigung bezüglich der Orientierung des Gehirns getroffen, sondern allenfalls verstärkt auf die äußerlichen Geschlechtsmerkmale Bezug genommen. Das Neugeborene selber hat noch keine Vorstellung von seinem eigenen Geschlecht und ist auch noch nicht in der Lage, sich über seine Neigungen zu einem von beiden Geschlechtern zu äußern. Mit der Geburt des Kindes wirken sich somit äußere Einflussfaktoren auf die Ausprägung einer eigenen Geschlechtsidentität aus.

3.2 Von der eigenen Identität zur Geschlechtsidentität

Neugeborene haben noch keine Vorstellungen von ihrem Geschlecht. Bevor das Baby sich einem Geschlecht selber zuweisen kann, durchlebt es parallel eine Entwicklung zur eigenen Identität.

Mit einem Jahr beginnen Kleinkinder sich selbst einem Geschlecht zuzuordnen (vgl. Walter 2005, S.195). In dem unentwegt die vorherrschenden Normen ihnen gegenüber wiederholt werden, prägen sie allmählich ein ihnen zugewiesenes Geschlecht (weiblich bzw. männlich) aus und bestätigen diese Zuweisung durch Aneignung und Wiedergabe jener Verhaltensweisen (vgl. Quenzel/Hurrelmann, 2010, S.74). Sie prägen auch schon einen eigenen Willen aus (vgl. Eliot 2010, S.164). Diese Begebenheit hängt durchaus mit dem Bewusstwerden der eigenen Identität des Kindes zusammen. Damit ist die kurze Phase der Geschlechtsneutralität vorüber und das Kind beginnt nun schrittweise alles was mit dem anderen Geschlecht im Zusammenhang (z. Bsp. Spielsachen, Spielaktivitäten und Kleidung) steht, abzulehnen (ebd., S.182).

Im Alter von zwei bis drei Jahren entwickelt sich die Geschlechtsidentität des Kindes heraus. Diese kann später, im gefestigten Zustand, nur bedingt durch Einwirkungen von äußeren Einflussfaktoren beeinflusst werden (ebd.). Bis zum siebenden Lebensjahr besitzt das Kind schon das Wissen darüber, dass es seine eigene Geschlechtszugehörigkeit ein Leben lang, auch über verschiedene Situationen hinweg, stabil beibehalten wird. Man spricht dabei von einer *„Geschlechterrollenkonstanz"*[6] (Hannover 2008, S.342).

Studien aus aller Welt bestätigen, so Eliot (2010), dass die Geschlechtsidentität eines Kindes ein universelles Phänomen ist. In allen Kulturen der Welt bilden Kinder diese

---

[6] Ist das Wissen darum, für immer ein Mädchen bzw. ein Junge zu sein (vgl. Hannover 2008, S.351).

aus und beginnen sich im Kindergartenalter eigenständig in geschlechtergetrennten Gruppen zum gemeinsamen Spiel zusammenzufinden (vgl. Eliot 2010, S.187). Die Entwicklung eines Geschlechtsbewusstseins ist demnach nachweislich angeboren.

3.3 Entwicklungsabriss der kindlichen Gehirnentwicklung

Die frühkindlichen Erfahrungen haben einen prägnanten Einfluss auf die Leistungsfähigkeit des Gedächtnisses. Eine untergeordnete Rolle spielen dabei genetische Veranlagungen. Doch was soll die Mühe, wenn sich das Kind später an Erlebnisse, welche es bis drei oder sogar vier Jahren gemacht hat, nicht mehr erinnern kann. Ist es da nicht sinnvoll wichtige Erfahrungen erst mit dem dritten Lebensjahr zu vermitteln? Die sogenannte frühkindliche Amnesie[7] oder auch als infantile Amnesie bezeichnet, kommt bei jedem Kind, auf Grund des sich erst entwickelnden Gehirnes, vor (vgl. Korte 2011, S.57ff).

Erst mit vier bis fünf Jahren ist das Gehirn soweit entwickelt und vernetzt, dass es auf sein Langzeitgedächtnis zugreifen kann (vgl. Wiedenhöft 2010, S.12). Wir können uns demnach nicht daran erinnern, wo wir etwas mit zwei Jahren gelernt haben, aber unser Gehirn ist durchaus schon als Fötus (sobald sich der Hörsinn entwickelt hat) in der Lage, Gelerntes abzuspeichern und später wieder abzurufen. Die erste Form des Lernens stellt sich bei Kleinkindern durch die Gewöhnung, auch unter Habituation zu finden, ein (ebd., S.13). Durch diese sehr wichtige Lernform, sind Menschen erst in der Lage, Wichtiges von Unwichtigem zu unterscheiden. Diese Fähigkeit ist eine der elementarsten des menschlichen Gedächtnisses (vgl. Korte 2011, S.59).

Kinder im Vorschulalter weisen nach Korte (2011) eine enorm hohe Gedächtnisleistung auf. Kindern fällt es vor allem in den ersten zehn Lebensjahren enorm leicht zu lernen, doch Kinder lernen nicht alles gleich gut. Das Lebensalter des Kindes ist mit entscheidend, was es und wie gut es lernen kann (ebd., S.58). Um überhaupt lernen zu können, muss die Gehirnstruktur mit ihren Synapsen und Neuronen ausreichend entwickelt sein. Menschen verfügen jedoch nicht nur über ein Gedächtnis, sondern über verschiedene Gedächtnissysteme. Die bekanntesten stellen das Kurzzeit- und Langzeitgedächtnis dar. Da Menschen in der Lage sind, einem bestimmten Gegenstand, ein Gefühl, einen Duft und eine Melodie zuzuordnen, kann man sich eine kleine

---

[7] Es gehört zur Kindesentwicklung dazu, denn um in der Lage zu sein autobiographische Erlebnisse wieder abzurufen, muss das Kind im Bereich der Sprache, den Erlebnissen Zuweisungen geben können. Die eigene Ich-Entwicklung muss ausgeprägt worden sein, um sich seiner Handlungen bewusst zu werden und dem was sie auslösen (vgl. Heinzel 2011, S.29f).

Vorstellung davon machen, über wie viele verschiedene Gedächtnisebenen das menschliche Gehirn verfügt und wie vernetzt das alles miteinander sein muss, um komplexe Erinnerungen abrufbar machen zu können. Das Gehirn mit all seinen Gedächtnissystemen entwickelt sich jedoch nicht gleichzeitig. Somit ist der Mensch erst nach und nach in der Lage abgespeicherte Informationen abzurufen.

3.4 Die Entwicklung sprachlicher Fähigkeiten

Ein Baby hört und erkennt eine Stimme wieder, richtet seinen Kopf in die Richtung aus, woher die Stimme seiner Meinung nach ertönt ist. Es reagiert mit einem Gesichts-ausdruck, wenn sein Gehirn soweit entwickelt ist und die dazu notwendigen Verknüpfungen bestehen (vgl. Kiphard 2002, S.95). Wann das Kleinkind beginnt, sich sprachlicher Fähigkeiten zu bemächtigen, hängt von der Gehirnentwicklung des jeweiligen Kindes ab. Nur durch einen aktiven Sprachkontakt von Geburt an, kann das Neugeborene einen Gefallen daran ausbilden, mit seiner Umwelt auch akustisch in Kontakt zu treten (ebd., S.94). Dazu muss jedoch das Gehör ausreichend entwickelt sein, um überhaupt akustische Reize aus der Umwelt aufnehmen zu können und ein Bedürfnis zu entwickeln sich selber ihrer auch zu äußern. Denn der größte Anreiz überhaupt eine Sprache auszubilden besteht darin, dass man die Stimmen, Laute und Geräusche um einen herum selber nachahmen möchte (ebd., S.96).

Ein Neugeborenes kann sich akustisch durch das Weinen und Schreien bemerkbar machen (ebd., S.94). Bis ein verständliches Wort zu hören ist, gehört viel Übung dazu. Das Kind muss die Kehlkopfmuskulatur stärken und trainieren. Die Hals-, die Mund- und auch die Brustmuskulatur müssen trainiert werden, um miteinander abgestimmt, ein Wort klar auszusprechen. Zwischen dem ersten und dritten Lebensjahr kommt es bei den Kindern zu einer regelrechten „Sprachexplosion" (Korte 2011, S.160). Das Gehirn reift sprunghaft und damit verbunden auch seine Auffassungsgabe (ebd., S.159). Bis zum Eintritt in die Schule haben sich Kinder Fertigkeiten im Gebrauch von grammatikalischen Regeln und den Umfang ihres eigenen Wortschatzes angeeignet und ausgebaut (ebd., S.164).

Was in der sensiblen Phase der Sprachentwicklung nicht erlernt wurde, kann auch später nicht vollständig erlernt werden, so Singer (1992). Korte (2011) verweist in diesem Zusammenhang auf Studien mit hör- und sprachgeschädigten Kindern. Diese Studien zeigen, dass die Veranlagung, Sprache zu erlernen bis zur Pubertät stark abnimmt und genetisch verankert ist. Hör- und sprachgeschädigte Kinder beginnen wie jedes andere Kind akustische Signale (Lallen, Quietschen) ihrer Umwelt gegenüber zu äußern. Schon nach kurzer Zeit verlieren diese Kinder die Freude daran und verstummen vollständig (vgl. Kiphard 2002, S.96).

3.5 Die Entwicklung frühkindlichen Spiels

Durch das Spiel setzen sich Kinder nicht nur mit ihren Erfahrungen und gemachten Beobachtungen auseinander. Sie entwickeln dabei vor allem kreative, kognitive und auch sozial-emotionale Befugnisse (vgl. Bader 2005, S.59). Das Kind lernt seine Umwelt kennen, indem es diese erkundet. Kinder lernen demnach von Geburt an durch material- und umweltbezogenes Spielen und bilden dadurch ihre sinnliche Wahrnehmung aus (vgl. Zacharias 2005, S.35). Das Baby kaut sein Lätzchen nass um es zu schmecken, zu riechen, zu fühlen und beim Kauen zu hören. Dabei erfährt der Säugling spielerisch, *„[…] unter Einsatz all seiner Sinnes- und Bewegungsorgane mehr über die Beschaffenheit [des untersuchten Gegenstandes]"* (Kiphard 2002, S.84). Seine Bewegungsorgane nehmen dabei eine bedeutende Rolle ein. Sind im Gehirn die zur Bewegung ausführenden Nervenbahnen gelegt und untereinander verknüpft, so wird das Neugeborene von Woche zu Woche immer bewegungsaktiver. Durch strampeln und treten, greifen und ziehen üben die Kleinen ihre Koordinierung und stärken ihre Körpermuskulatur (ebd.). Doch in diesem Zusammenhang muss erwähnt werden, so Singer (1992), dass es nicht ausschließlich genetisch vorprogrammiert ist, dass Kinder ihre Sinnesorgane benutzen und ihre Funktionstüchtigkeit weiterent-wickeln. Ohne zusätzliche Informationen aus der kindlichen Umwelt, finden Selektions-prozesse statt und das Kind wird bestimmte Sinne nicht weiter ausbilden und diese in einer unterentwickelten Funktionsweise weiter benutzen (vgl. Singer 1992, S.64). Somit lernt ein Kind bereits in den ersten beiden Lebensjahren, wie es sich mit der Außenwelt verständigen kann. Prägend in dieser kindlichen Entwicklungszeit ist damit das *„sensumotorische Spiel"* (Bader 2005, S.62). Das Kind lernt und trainiert seine Fähigkeiten bzw. Fertigkeiten durch Freude an der Wiederholung von Körper-bewegungen und an dem Bewegen von Gegenständen (vgl. Bader 2005, S.62).

Schädigend in der frühkindlichen Entwicklung können sich zu frühe Anforderungen an das Kind auswirken, so Kiphard (2002). Zur Verdeutlichung des Sachverhalts nennt Kiphard (2002) das Beispiel eines Zweijährigen, welcher verfrüht lernen soll, seine Kleidung eigenständig auf- und zuzuknöpfen.

Für beide Seiten endet dies enttäuschend und wirkt sich bezogen auf das Kind mit Resignation aus (vgl. Kiphard 2002, S.86). Das Kind wird später mit ablehnenden Verhalten reagieren, wenn es dies erneut versuchen soll, obwohl es mittlerweile durch seine geistige Reife dazu in der Lage wäre (ebd.). Dieses Prinzip kann auf verschiedene Bereiche übertragen werden, so auch auf den Spielbereich.

Im Spiel versuchen sich Kleinkinder durch das Versinnlichen ihrer Umwelt, diese zu verstehen und mit ihr auf verschiedenen Ebenen zu kommunizieren (verbal und nonverbal). Doch auf dieser Spielebene verbleiben die Kinder nicht. Mit drei Jahren beginnen sie gezielt Situationen mit ihrem Spielzeug oder andern Gegenständen nachzuspielen. Diese Spielsituationen werden als Rollenspiele bezeichnet und erlangen mit dem Alter des Kindes immer mehr an Bedeutung (vgl. Bader 2005, S.63).

Dadurch bedingt können Fünfjährige bei Rollenspielen über einen längeren Zeitraum ein koordiniertes gemeinsames Handeln aufrechterhalten, was zeigt, dass soziale und kognitive Kompetenzen bereits erworben wurden (ebd.). Oft ist das auch das Eintrittsalter in die erste pädagogische Institution, den Kindergarten. Dabei kommen die Kinder mit Anderen in Kontakt und das Zusammenspiel bekommt zusätzlich einen wichtigen Stellenwert.

Vorschulkindern, aber vor allem bei Erstklässlern, rückt die soziale Spielform des Regelspiels immer mehr in den Fokus. Die Spielenden wissen schon ganz genau, dass sie Spielregeln einhalten müssen und zusätzlich darauf achten müssen, dass Mitspieler stets diese Regeln einhalten (vgl. Jäger 2011, S.138).

4. Geschlechtersensible Entwicklungen, bis sechs Jahre

In diesem Kapitel wird aufgezeigt, wie sich Mädchen und Jungen geschlechtsspezifisch entwickeln. Dabei werden an Hand von Sozialisationsfaktoren die geschlechter-sensiblen Entwicklungsunterschiede verdeutlicht. In diesem Zusammenhang wird darauf hingewiesen, dass dabei kein Anspruch auf Vollständigkeit oder Absolutheit erhoben wird. Es handelt sich dabei lediglich um einen Ausschnitt des komplexen Gebietes der Sozialisationsprozesse und der geschlechtsspezifischen Entwicklungs-unterschiede.

Zuvor wird geklärt, was der Begriff Sozialisation aussagt, um anschließend aufzuzeigen, welche Faktoren, mit der Geburt des Kindes, dessen Entwicklung beein-flussen können.

4.1 Begriffsklärung Sozialisation

Der Sozialisationsbegriff wird je nach Betrachtungsweise (soziologisch, psychologisch, pädagogisch) verschiedenartig definiert. Eine Sozialisationstheorie Hurrelmanns aus dem Jahr 2006 wird weisend, für das Verständnis des Begriffes, in dieser Arbeit sein. Darin wird beschrieben, dass Sozialisation ein durch die Gesellschaft vermittelter Prozess der Persönlichkeitsentwicklung ist (vgl. Quenzel/ Hurrelmann 2010, S.71). Im Verlauf des Prozesses wächst das Kind über Interaktionen (zunächst überwiegend familienintern) auf (ebd.). Später wirken zunehmend andere Akteure, kulturelle Werte und Normen als Handlungsorientierungen auf das Kind ein (ebd.). Diese Handlungs-orientierungen werden nicht nur aufgenommen, sondern aktiv ausgehandelt und verinnerlicht (ebd.). Damit findet primär, Sozialisation in der Familie statt und erst mit dem Eintritt in eine pädagogische Institution (Kindergarten, Hort oder Schule), erschließt sich die sekundäre Sozialisation des Kindes (ebd.). Die primäre Sozialisation prägt dabei im Wesentlichen die Orientierung an und die Übernahme von Ge-schlechterrollen aus (ebd.). Die geschlechtsspezifische Persönlichkeit wird somit, durch das familiäre Gefüge geformt (ebd., S.72). Mit dem Kindesalter zunehmend, wird das Kind zusätzlich durch die umgebenden gesellschaftlichen Lebensbereiche (Gleichaltrigengruppe, Kulturkreis, Freizeit- und Medienwelt, politische Systeme usw.) beeinflusst (ebd.). Die Abbildung 4 dient zum besseren Verständnis. Dabei werden die verschiedenen Sozialisationsinstanzen, welche sich auf die Persönlichkeitsentwicklung des Kindes auswirken, aufgeschlüsselt.

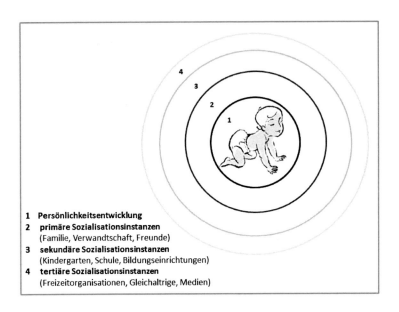

1   **Persönlichkeitsentwicklung**
2   **primäre Sozialisationsinstanzen**
    (Familie, Verwandtschaft, Freunde)
3   **sekundäre Sozialisationsinstanzen**
    (Kindergarten, Schule, Bildungseinrichtungen)
4   **tertiäre Sozialisationsinstanzen**
    (Freizeitorganisationen, Gleichaltrige, Medien)

Abb. 4: Sozialisationsrelevante Organisationen und Systeme
Quelle: eigene Darstellung nach Hurrelmann 2006, vgl. URL 7

Nach der Abbildung 4, wirken mit der Geburt des Kindes Sozialisationsinstanzen auf die Entwicklung einer eigenen Persönlichkeit ein. Mit zunehmendem Kindesalter nimmt der Aktionsradius stetig zu, welches durch die Ringdarstellung symbolisiert wird. Mit der Geburt beginnt die primäre Sozialisationsinstanz (Familie, Verwandtschaft und Freunde) auf die Persönlichkeitsentwicklung des Kindes einzuwirken. Unter primärer Sozialisation bzw. frühkindlicher Sozialisation versteht man den Sozialisationsprozess im Zeitraum der ersten fünf Lebensjahre. Das Kleinkind entwickelt seine spezifisch menschlichen Fähigkeiten, zum Beispiel Fähigkeit zu planvollem Handeln, Sprachfähigkeiten, Umwelterfassen, Selbstbewusstsein, Gruppenbewusstsein, Fähigkeit bewusster Kooperation mit anderen Menschen (vgl. URL 8). Im Kindergartenalter erschließt sich zudem die sekundäre Sozialisationsinstanz (Kindergarten, Schule, Bildungseinrichtungen). Damit einher geht die tertiäre Sozialisationsinstanz (Freizeitorganisationen, Gleichaltrige, Medien). Alle drei Instanzen prägen die Persönlichkeitsentwicklung eines Menschen mit der Geburt. Inwieweit dies geschieht, hängt wiederum von unzähligen Faktoren ab und wird nicht weiter Gegenstand dieser Arbeit sein.

Im Folgenden wird die frühkindliche Entwicklung geschlechterspezifisch betrachtet. Dabei werden an Hand der gerade definierten Sozialisationsinstanzen, lediglich auszugsweise, die wesentlichen Entwicklungsdifferenzen kenntlich gemacht.

4.2 Frühkindliche geschlechtsspezifische Entwicklungen und Sozialisation

Geschlechtsunterschiede gehen mit den Gedanken an Unterschieden bezüglich Personeneigenschaften und deren Fähigkeiten einher (vgl. Hannover 2008, S.341). Diese werden folglich durch die Verknüpfung der Sozialisationsfaktoren, exemplarisch aufgeschlüsselt. Wie sich letzten Endes ein Kind entwickelt, hängt nicht nur von einem Einflussfaktor ab. Die Summe und die Zusammensetzung der Faktoren, die während der kindlichen Entwicklung einwirken, beeinflusst wie geschlechtsspezifisch und zu welchem Geschlecht sich ein Kind hingezogen fühlt. Sozialisationsprozesse verstärken zwar die geschlechtsbedingten Differenzen, ruft diese aber nicht hervor (vgl. Korte 2011, S.198). Dabei stellt das biologische oder genetische Geschlecht nicht zwingend das soziale (engl. als „gender" bezeichnet) oder psychologische Geschlecht dar (vgl. Diefenbach 2010, S.255). Das soziale oder psychologische Geschlecht ist somit das Ergebnis der geschlechtsspezifischen Sozialisation (vgl. Hannover 2008, S.380). Der Kultur- und Glaubenskreis, in dem ein Kind mit der Geburt hereinwächst, übt zudem einen Einfluss auf die Ausprägung von geschlechtstypischen Verhalten aus (vgl. Eliot 2010, S.213). Es wurde beobachtet, so Eliot (2010), dass sich Kinder aus aggressiveren Kulturkreisen untereinander ruppiger und wilder verhalten, als Kinder aus friedliebenden Kulturen (ebd.). In jedem Kulturkreis oder Glaubensgemeinschaft existieren Vorstellungen von gesellschaftlich erwünschten Geschlechterrollen. Kinder werden nach diesen bewusst oder unbewusst erzogen und in ihrem Verhalten geschlechtsspezifisch geprägt. Ein Mensch kann demnach auf Grund seines Verhaltens entweder soziale Erwünschtheit hervorrufen oder das ganze Gegenteil bewirken (ebd., S.336). Welche signifikanten Entwicklungsunterschiede bei Mädchen und Jungen mit der Geburt bis sechs Jahre festzustellen sind, wird folglich aufgeführt.

4.2.1. Allgemeine geschlechtsspezifische Entwicklungsunterschiede

Bislang existieren nur wenige gesicherte Belege, worin neugeborene Mädchen und Jungen sich voneinander unterscheiden (vgl. Eliot 2010, S.91). Die Körpergröße und das Gewicht stellen solche dar (ebd., S.93). Die Reifung des frühkindlichen Nervensystems macht deutlich, dass Mädchen etwas weiterentwickelter zur Welt kommen, als

Jungen (ebd.). Bereits vorgeburtlich bis in ein Alter von vier Jahren sind Jungen zudem körperlich und psychisch verletzlicher, als das weibliche Geschlecht (ebd.).

Eingangs wurde im Kapitel 3.2.1 beschrieben, dass Neugeborene noch keine Vorstellung von ihrem Geschlecht haben. Das bedeutet zudem, dass Säuglinge noch kein bestimmtes geschlechtsspezifisches Spielzeug bevorzugen (vgl. Eliot 2010, S.169). Mit einem Jahr entwickelt sich allmählich eine Neigung zu bestimmten mädchen- oder jungentypischen Spielsachen heraus (vgl. Eliot 2010, S.182). Solche Vorlieben beruhen zu 50 Prozent auf Vererbung und 50 Prozent auf Umwelteinflüsse und sind damit teils angeboren (ebd., S.173). Damit im Zusammenhang steht auch der eingangs im Kapitel 2.1 beschriebene Entwicklungsprozess des biologischen Geschlechts und der Orientierung des Gehirns. Somit ist es nicht untypisch, dass ein biologisches Mädchen eine Vorliebe bezüglich jungenspezifischen Spielsachen ausprägt und ein biologischer Junge zu mädchenspezifischen Spielsachen. Das genetische Veranlagungen und Umweltfaktoren gleichermaßen an der Ausprägung von geschlechtsspezifischen Bevorzugungen eine Rolle spielen, konnte in einer Londoner Studie mit drei- bis vierjährigen Zwillingen nachgewiesen werden, so Eliot (2010). Damit einhergeht, laut Hannover (2008), ein mit dem Kindesalter zunehmendes ablehnendes Verhalten gegenüber Spielsachen des jeweils anderen Geschlechts, welches in Desinteresse mündet und sich erst mit sechs Jahren allmählich toleranter verhält. Mit drei Jahren ist ein Kind in der Lange, zwischen geschlechtstypisch erwünschtem und geschlechtsuntypischem Spielzeug unterscheiden zu können. Fünfjährige Jungen beschäftigen sich weniger als neunzig Prozent ihrer Zeit mit mädchentypischem Spielzeug (vgl. Eliot 2010, S.169). Mädchen hingegen zeigen in diesem Alter Vorlieben für beide Spielzeugvarianten (ebd.). Eliot (2010) verweist diesbezüglich auf Ergebnisse einer schwedischen Studie, welche von kanadischen und niederländischen Studien belegt werden konnte. Beiden Spielsachenvarianten (typisch Mädchen und Jungen) wird sich auf Grund zunehmender Experimentierfreudigkeit der Mädchen, im Alter zwischen vier und fünf Jahren, zugeneigt (ebd., S.173). Dass die Mädchen flexibler sind und die Jungen eingefahrener, diesbezüglich ihres Verhaltens, hängt mit der Einflussnahme kulturell bestimmter Geschlechterrollen zusammen (ebd., S.174).

Frühkindliche geschlechtsspezifische Entwicklung ist damit im Allgemeinen hinreichend erläutert wurden. Demnach findet folglich eine Aufschlüsselung bezüglich der verschiedenen Sozialisationsinstanzen auszugsweise statt.

4.2.2 Die primäre Sozialisationsinstanz: Eltern

Von der Geburt des Kindes bis zum Besuch der ersten pädagogischen Einrichtung, wird die erste Sozialisationsinstanz durch die Eltern versinnbildlicht (vgl. Quenzel/ Hurrelmann 2010, S.71). Durch ihr Handeln und Vorleben, bezüglich ihrer Verhaltensweisen, beeinflussen sie das Kind. Die erste Geschlechtsspezifikation wird dem Neugeborenen mit der Vornamenszuweisung, durch die Eltern, gegeben (vgl. Walter 2005, S.32). Diese hat Auswirkungen auf sein ganzes weiteres Leben und stellt ein persönliches Erkennungsmerkmal für ihre Umwelt dar (ebd.). Wie Mädchen oder Jungen von ihrer Umwelt wahrgenommen werden und auf sie reagiert wird, schlägt sich auf das eigene Geschlechterrollenverhalten nieder (vgl. Diefenbach 2010, S.257). Die ersten Nachahmungsversuche befassen sich, neben der aufmerksamen Beobachtung der Umgebungsbegebenheiten, zudem ganz besonders mit dem Verhalten der Eltern. Somit bekräftigen u.a. die Eltern bereits das beginnende Verständnis von geschlechtsspezifischen Verhaltensweisen. Dabei findet vor allem ein erster unbewusster Lernprozess, Lernen durch Beobachtung, statt (vgl. Hannover 2008, S.350). Eltern tragen demnach als „Modellpersonen" zur Entwicklung von Geschlechtsunterschieden ihrer Kinder bei (ebd.).

Beginnend mit dem ersten Lebensjahr, so Eliot (2010), neigen Mädchen sich der Mutter mehr zu und Jungen den Vätern (soweit beide Elternteile aktiv an der Kindesbetreuung beteilig sind und im Kontakt zu dem Kind stehen) und ahmen ihr Verhalten verstärkt nach. Sie beginnen somit allmählich, sich selbst einem Geschlecht zuzuordnen (vgl. Walter 2005, S.195). Eine Vorliebe für ein geschlechtstypisches Spielzeug (Puppe oder Auto), bildet sich in diesem Alter parallel aus (vgl. Eliot 2010, S.169). Korte (2011) weist diesbezüglich auf psychologische Studien hin, welche belegen, dass Eltern bestimmte geschlechtsspezifische Spiele und Verhaltensweisen fördern. Zumeist unbewusst, verstärken sie damit maßgeblich die angeborenen Geschlechtsunterschiede (vgl. Korte 2011, S.195). Eltern neigen zudem dazu, geschlechtstypische Spielzeuge zu kaufen (vgl. Hannover 2008, S.350). Einem Mädchen werden somit gezielt, hinsichtlich ihrer genetischen Veranlagungen, feinmotorische und sprachfördernde Gegenstände zur Verfügung gestellt. Mit Puppen spielen, malen und basteln gilt dabei als mädchentypisch, ist erwünschtes Verhalten (ebd.). Einem Jungen werden eher Materialien und Spielzeuge zum Spielen überlassen, die seinen Drang nach Risikobereitschaft, Körperkraft und räumliches Vorstellungsvermögen unterstützen (ebd.). Dies ist zum Beispiel gegeben beim Bauen von Holzklotztürmen, dem Spielen mit Autos oder dem Ballspielen (ebd.).

Eltern vermitteln zudem unbewusst Differenzierungen, wenn es um die Redeweise mit ihren Kindern geht. Diefenbach (2010) bezieht sich in diesem Zusammenhang auf amerikanische Studien von Kuebli und Fivush, aus dem Jahr 1992. In diesen Studien wurde festgestellt, dass Eltern mit ihren Kindern geschlechtsspezifisch über Gefühle sprechen, unabhängig ob die Mutter oder der Vater mit dem Kind über Emotionen spricht (vgl. Diefenbach 2010, S.257). Ausschlaggebend ist dabei das Geschlecht des Kindes. Diese Unterschiede machen Eltern mit ihrem Kind in einem Alter ab drei Jahren statistisch messbar (ebd.). Mit den Töchtern wird dabei häufiger über allgemeine und negative Gefühle gesprochen, als mit den Söhnen (ebd.). Mit sechs Jahre kann man bei den Kindern dann schon einen unterschiedlichen geschlechtsspezifischen, sprachlichen Ausdruck feststellen (ebd., S.258). Das heiß im Klartext, das sich Mädchen demnach emotionaler äußern und häufiger über ihr Gemütsbefinden reden, als Jungen dies tun. Kinder bekommen demnach sozio- kulturelle Kompetenzen vor allem durch die Sozialisationsinstanz Familie vermittelt (vgl. Lange 2007, S.49).

Der Erziehungsstil der Eltern unterliegt stetig sich verändernden zeitgenössischen Ansichten (vgl. Eliot 2010, S.136). Somit trägt dies mit dazu bei, dass Mädchen und Jungen nach unterschiedlich stark ausgeprägten geschlechtsspezifischen Rollenklischees erzogen werden. Im 21. Jahrhundert kommen zudem differenzierte Alltagsbedingungen zwischen Kindern aus „arbeitsreichen" und „arbeitsarmen" Haushalten zusammen (vgl. Lange 2007, S.43). Die finanzielle Kluft ist damit auch im Hinblick zum Medienumgang nicht außer Acht zu lassen. Eltern leisten Erziehungs- und Bildungsarbeit (ebd.). Das schließt ein, dass Kinder in ihren Familien u.a. ihre ersten Medienerfahrungen sammeln. Jedoch haben nicht alle Kinder dabei die gleichen Chancen und Möglichkeiten. Um die familiäre Lebensführung zu ermöglichen, kommen Medien (u.a. Fernsehen, Videokassetten, DVDs) verhäuft zum frühen Einsatz (ebd., S.51). Das Medienangebot wird in Familien oftmals eingesetzt, wenn auf Grund des Zeitmangels Lerninhalte angeeignet werden sollen und die Eltern meinen, diesen nicht hinreichend nachkommen zu können (ebd.). Viele Eltern, so Lange (2007), sind laut einer amerikanischen Befragung der Ansicht, dass der Fernsehkonsum eine beruhigende Wirkung auf die Kinder ausübt und sie deshalb diesen unbekümmert ausgesetzt werden. Eine Medienreflexion zwischen Kind und Eltern findet meist nicht statt und kann damit dazu führen, dass das Kind Medieninhalte nicht verarbeiten kann und beginnt unvorhergesehene Emotionen (u.a. Angst, Unsicherheit, Verwirrung) auszudrücken (ebd., S.55).

In den Familienverband einbezogen zählen nicht nur die Eltern und das Kind. Die Geschwister, insofern vorhanden, beeinflussen sich zudem bei der Ausprägung u.a. geschlechtsspezifischer Verhaltensweisen.

4.2.3 Die primäre Sozialisationsinstanz: Geschwister

Ob ein Kind als Einzelkind, mit einem Bruder, einer Schwester oder mit mehreren Geschwistern aufwächst, obliegt primär nicht dem Willen des Kindes (vgl. Eliot 2010, S.191). Auf dem Gebiet der Geschwisterstudien, so verweist Eliot (2010), haben Forschungen mit 5000 Dreijährigen herausgefunden, dass in der Regel die älteren Geschwisterkinder, die Jüngeren (zutreffend bei unterschiedlichen Geschlechtern) stärker in der Ausprägung geschlechtsspezifischer Vorlieben beeinflussen, als umgekehrt. Am deutlichsten zum Vorschein kommt dies, wenn es sich um Geschwisterpaare verschiedenen biologischen Geschlechtes handelt (ebd., S.192). Ein älterer Bruder beeinflusst demnach seine jüngere Schwester in der Hinsicht, dass sie ein eher maskulines Verhalten aufzeigt (ebd.). Genauso ist dies zu beobachten, wenn eine ältere Schwester, einen jüngeren Bruder hat. Dieser weist dann ein eher feminines Verhalten auf (ebd.). Geschwister des gleichen Geschlechts beeinflussen sich gegenseitig nur in einem geringen Maße (ebd.). Man kann daran ableiten, dass die jüngeren Geschwisterkinder mit ihren älteren Geschwistern mithalten möchten und sich demnach versuchen, ihrem Verhalten anzupassen, um von ihrem älteren Geschwister beachtet zu werden (ebd.). Gleichgeschlechtliche Geschwister beeinflussen sich dahingegen weniger in ihrem Verhalten, da sie auf Grund des gleichen Geschlechts ähnliche Interessen besitzen und bestimmte Geschlechtervorlieben angeboren sind (ebd.). Damit findet eine geschlechtsspezifische Verhaltensbeeinflussung nachweislich im Kindesalter von drei Jahren und weiterführend statt. Das ältere Geschwisterkind beeinflusst durch sein Verhalten und seine Ansichten das jüngere Geschwisterkind auch bezogen auf dessen Verständnis über seine Geschlechterrolle. Bei Zwillingen und bei Geschwistern gleichen Geschlechts fällt die Ausprägung der geschlechtsspezifischen, einseitigen Verhaltensbeeinflussung geringer aus. Bei Einzelkindern trifft dieses Prinzip gar nicht zu. Mit zunehmendem Kindesalter festigt sich die eigene Identität. Der frühkindliche Geschwistereinfluss schwächt sich, auf Grund dessen, beständig ab.

Das gemeinsame Spielen mit dem Geschwisterkind stellt sich zumeist als einseitige Interessenverfolgung heraus. Das ältere Geschwisterkind bestimmt den Spielablauf und das Jüngere muss sich, wenn es spielen möchte, dem unterordnen. Im Kapitel

3.2.4 wurde eingangs erläutert, in welchem Alter die verschiedenen Spielformen ausgeprägt werden. Nun kommt es auf jedes Jahr an, das zwischen den Geschwistern liegt. Denn die kognitiven Fähigkeiten bilden sich mit dem Kindesalter deutlich aus. Überforderung und Resignation, wie im selbigen Kapitel 3.2.4 erläutert, kann zudem das jüngere Kind in seiner Persönlichkeitsentwicklung beeinträchtigen. Doch vor allem der sich aus den unterschiedlichen Lebensaltern ergebene Konfliktpunkt der Vorliebe für geschlechtsspezifische Spielsachen, kann schnell zwischen dem Verlangen nach befriedigendem, gemeinschaftlichem Spiel stehen. Mit 18 bis 20 Monaten wurde in Untersuchungen, herausgefunden, so Walter (2005), dass eine geschlechtstypische Neigung zu Spielsachen bei Kleinkindern begonnen wird auszuprägen. Sind Kinder bis drei Jahre noch tolerant, wenn ein Kind sich mit geschlechtsuntypischen Spielsachen beschäftigt, fangen Kinder mit vier Jahren an unflexibel zu werden (vgl. Eliot 2010, S.184). Ein solches Verhalten wird dann auch selber abgemahnt (ebd., S.185). Diese Ansicht macht auch vor der Kinderzimmertür nicht kehrt. So kommt es mit dem Lebensalter der Geschwister auch zunehmend zu gegenseitigen ablehnenden Ver-halten. Einigkeit findet sich jedoch in allen Spielsachen ohne eindeutige Geschlechter-zuweisung. Bei Geschwistern unter sich ist der Gruppendruck, wie es im Kindergarten eher der Fall ist, auch geringer einzustufen. Damit haben „Barbies und Autos" eine faire Chance, im friedlichen Zusammenspiel Einsatz zu finden.

Medien spielen im Blick auf die Geschwisterkonstellation einen wesentlichen Stellen-wert. Da bereits geklärt wurde, dass die älteren Geschwisterkinder die Jüngeren beein-flussen, so kommt dies auch im Medienbereich zum Tragen. Fernsehsendungen und Computerspiele werden im zunehmenden Alter immer attraktiver und aktiver genutzt. Die jüngeren Geschwisterkinder konsumieren oftmals das gleiche Medienangebot wie ihre großen Geschwister. Schon aus der Tatsache heraus, dass sie ihnen in nichts nachstehen wollen. Nicht in jedem Fall ist diese Begebenheit für Beide vorteilhaft. Der Altersunterschied zwischen den Geschwistern und damit einhergehend der Entwicklungsstand des Kindes sind dabei entscheidend, inwiefern ein Kind über- oder unterfordert wird (vgl. Theunert/Demmler 2007, S.94f).

4.2.4 Die sekundäre Sozialisationsinstanz: Kindergarten

Im Kindergarten erfährt das Kind, wie andere Kinder sich untereinander verhalten. Da diese ebenfalls über ein ausgeprägtes Geschlechtsbewusstsein verfügen und ein Wissen über geschlechtsspezifisch erwünschtes Verhalten innehaben, setzt schon frühzeitig ein unbewusster Gruppendruck ein (vgl. Eliot 2010, S.168). Dieser macht sich vor allem dann bemerkbar, wenn ein Kind in eine Kindergruppe hinzukommt (ebd.). Es passt sein Verhalten so an, wie es meint, geschlechtsspezifisch erwünscht zu sein, um sich der Gruppe Gleichgeschlechtlicher anschließen zu können (ebd., S.190).

Durch biologisch bestimmte Faktoren neigen Mädchen eher zu Harmonie, Kooperation und Kommunikation während des Spielens miteinander (ebd., S.239). Jungen neigen biologisch zu mehr körperlicher Aktivität, Interaktion zu intensiven Körperkontakt, Streichelein und spielerischen Kämpfen (ebd.). Biologische und soziologische Faktoren wirken sich auf die Herausbildung divergenter Neigungen im Kindergartenalter aus (ebd., S.187). Dabei handelt es sich in keinem Fall um ein nationales Phänomen. Auf der ganzen Welt ist dieses frühkindliche Verhalten zu beobachten und stellt damit ein universelles Phänomens dar (ebd.).

Mädchen schließen sich im Kindergarten zusammen, um von der Erzieherin eine Geschichte erzählt oder vorgelesen zu bekommen. Sie setzen sich zudem eher stillsitzend und im gegenseitigen Austausch in der Mal-, Bastel-, oder Kuschelecke zusammen (ebd., S.186). Jungen hingegen versuchen beim gemeinsamen Spielen so weit wie möglich weg von den Erzieherinnen zu gelangen, um ungestört ihren Interessen nachzugehen (ebd.). In dieser Zeit wollen sie nur „Jungensachen" machen und deshalb kommen vor allem Beschäftigungen ohne langes Stillsitzen bevorzugt zum Einsatz (ebd.). Daraus ist abzulesen, dass Mädchen in der Regel, beim Spielen weniger Aktionsraum einnehmen, als Jungen dies tun (vgl. Walter 2005, S.92). Über die gesamte Kindergartenzeit hinweg verstärkt sich bei beiden Geschlechtern gleichermaßen die Tendenz, sich nur mit gleichgeschlechtlichen Spielgefährten zu umgeben (vgl. Eliot 2010, S.186).

Der Kindergarten als zumeist erste pädagogische Institution stellt zu dem Thema der Gruppenbildung und dem damit resultierenden Gruppendruck, den Ort dar, wo sich oftmals die ersten Freundschaften heraus entwickeln (vgl. Biffi 2011, S.150). In dieser Zeit bilden sich überwiegend feste Zweierfreundschaften (ebd.). Diese Freundschaften stellen beim Schuleintritt in die Primarstufe einen starken Halt dar und geben den Kindern gegenseitige Festigkeit vor der neuen Situation Schule (ebd., S.153).

Der Kindergarten wirkt sich vor allem im Bereich des Erwerbs kognitiver Kompetenzen auf das Kind aus (vgl. Lange 2007, S.49). Viele Lerninhalte werden bereits in der Primarstufe von den Kindern verlangt. Damit kommt es dazu, dass bereits im Kindergarten sehr viel Wissen vermittelt werden soll, welches sich ohne den Einbezug von Medien diverser Art (vor allem Fernsehgerät und Computer) nicht mehr als realisierbar erweist (ebd., S.52). Mitunter sind in den Bundesländern bereits Beschlüsse im Rahmenplan für frühe Bildung gefasst worden, indem der frühe Umgang mit den Medien festgelegt wird (vgl. Reichert-Garschhammer 2007, S.83f). In den 16 Bundesländern existiert derzeitig kein einheitlicher Plan im Bereich der frühen Bildung und somit gibt es zudem keine einheitlichen Festlegungen, bezüglich der Medienbildung im Elementarbereich (ebd., S.88). In Sachsen- Anhalt muss der Kindergarten einen eigenständigen alters- und entwicklungsspezifischen Betreuungs-, Bildungs- und Erziehungsauftrag erfüllen (vgl. URL 9). Dieses Bundesland legt im Kinderförderungsgesetz (KiFöG) zum Beispiel nicht genau fest, dass Medienarbeit eine Teilaufgabe in Tageseinrichtugen sein soll (vgl. URL 10).

Im Kindergarten kommen meist geschwisterlose Kinder, erstmalig mit anderen Kindern in sozialen Kontakt. Zudem werden Erfahrungen im gegenseitigen Austausch bezüglich Gleichaltriger erworben. Im Kindergarten, als sekundäre Sozialisationsinstanz, werden somit viele wertvolle Kompetenzen erworben.

4.2.5 Die tertiäre Sozialisationsinstanz: Gleichaltrige

Bis zwei Jahre ist es für Kinder nicht von Bedeutung, ob ihr Spielgefährte weiblich oder männlich ist (vgl. Eliot 2010, S.186). Ab dem dritten Lebensjahr verhält es sich diesbezüglich nicht mehr so flexibel (ebd.). Das hängt u.a. damit zusammen, dass das Bewusstsein der eigenen Geschlechtszugehörigkeit sich durchsetzt (ebd., S.173). Folglich separieren sich Mädchen und Jungen, in geschlechtergetrennten Spielgruppen (vgl. Kapitel 4.2.4). Dieses Verhalten wird von den betroffenen als selbstverständlich aufgefasst und nicht angezweifelt (ebd.). Die Gleichaltrigengruppen zeigen zudem sehr unterschiedliche Umgangsformen im Miteinander auf (ebd., S.187). So entsteht die *„Wir-und-die-Mentalität"* (Eliot 2010, S.190), welche Kinder dazu befähigt, das Verständnis von Geschlechternormen strikt einzuhalten. Da Mädchen als auch Jungen im Kindergartenalter über Rollenklischees und über erwünschtes und unerwünschtes Verhalten wissen, kommt zudem die Komponente des Gruppendrucks (ebd.). Beide Geschlechter maßregeln sich in ihren Gruppen im Fall nonkonformen Verhaltens eines oder mehrere Zugehöriger (ebd., S.91). Inwieweit sich Mädchen ruhiger und einfühlsamer oder Jungen aggressiver und zappeliger verhalten, ist nicht primär am biologischen Geschlecht festzumachen (vgl. Kapitel 3.1). In der pränatalen Phase wird durch die Fruchtwasserzusammensetzung psychologische Verhaltensweisen angelegt (ebd., S.195). Sozialisationsinstanzen wirken dazu entweder verifizieren oder negierend auf die weitere Entwicklung bestimmter Verhaltensmuster ein (ebd.).

Bis zum Ende der Kindergartenzeit sind nur noch wenige Verhaltensähnlichkeiten zwischen den Mädchen und Jungen zu erkennen (ebd., S.241). Mädchen verbringen ihre gemeinsame Zeit mit ausschließlich anderen Mädchen und werden so immer mehr zu „*typischen Mädchen*" (Eliot 2010, S.241). Der starke Gruppenzwang wirkte sich demnach zunehmend angleichend auf die geschlechtergetrennten Gruppen aus.

In Gleichaltrigengruppen haben es demzufolge vor allem die Kinder schwer sich in der Gemeinschaft einzuordnen, unterzuordnen und wohlzufühlen, bei denen sich das biologische Geschlecht maßgeblich von der Orientierung des Gehirns unterscheidet.

4.2.6 Die tertiäre Sozialisationsinstanz: Medien

„*Der medienfreie Raum Kindheit ist Illusion*" (Theunert/Demmler 2007, S.92). Im 21. Jahrhundert wird von „*Medienkindheit*" (Hoppe/Josting 2006, S.8) gesprochen, was deutlich macht, dass bereits die Allerkleinsten vom Medienmarkt und seinen Angeboten umschwärmt sind. Im Kapitel 4.2.2 wurden die Eltern als „Zugänglichmacher" von Medien diverser Art ermittelt. Der Medienmarkt ist sich dieser Begebenheit längst bewusst. Die Beweggründe für den frühkindlichen Medieneinsatz wurden mit Hilfe von Markanalysen bereits ermittelt. Aus diesem Grund haben es Sendeformate, wie BabyTV und Kindersender (u.a. KiKa, Super RTL und Nickelodeon) verhältnismäßig einfach, den Weg über die Eltern, zum Kind zu finden. BabyTV zum Beispiel, stellt seit 2006 im süd-westdeutschen Bezahlfernsehen ein TV-Format für Babys, Kleinkinder und Eltern in englischer Sprache zur Verfügung (vgl. Schorb 2007, S.22). Der Kindersender KIKA setzte 1999, mit einem neuen Sendeprogramm für die Zielgruppe der Fernsehanfänger (drei bis sechs Jahre), auf hohe Einschaltquoten (vgl. Götz 1999, S.54-63, vgl. URL 14). Doch die Fernsehlandschaft für Kinder von null bis sechs Jahre soll meinerseits damit nur kurz erwähnt sein, um zu verdeutlichen, dass der Mensch von Geburt an den Medien ausgesetzt wird. Um das Zielpublikum jedoch an Sendeformate zu binden und eine Beziehung zu ihren Konsumenten aufzubauen, gewinnt der Merchandisingsektor immer mehr an Bedeutung. Für fast jede Kinderserie gibt es die darin befindlichen Figuren in diversen Ausführungen und integriert in und auf verschiedenen Spielsachen und Gebrauchsgegenständen gleich noch dazu. Das Bedürfnis nach diesen Sachen wird bei den Kleinkindern bereits durch die eigespielten Werbeblocks, zwischen den Kinderserien, geweckt. Werbetexte der Spielwarenindustrie richten sich heute direkt an die Zielgruppe der kleinen Mädchen, bzw. der kleinen Jungen (vgl. Walter 2005, S.93f).

Marketing-Strategien nehmen einen einflussreichen Stellenwert ein, vor allem wenn man sie unter dem Gesichtspunkt der Geschlechtertypisierung betrachtet. Schaut man sich in Spielzeugmärkten um, so wird deutlich, dass das Sortiment an Spielzeugartikeln in einsehbaren, typischen Jungen- und Mädchenfarben ausgestellt wird (vgl. Eliot 2010, S.176). Da die ersten Spielzeugkäufer die Eltern sind, wird es ihnen schon von weitem gut sichtbar gemacht, wo sie für ihre Tochter oder ihren Sohn das passende geschlechtstypische Spielzeug finden.

Neben dem großen geschlechtsspezifischen Angebotsspektrum der Spielzeug-industrie, kommen „Alte" und „neue Medien" zusätzlich als einflussreiches Spektrum hinzu. Oftmals vermischt sich dieser Bereich durch Spielsachen mit integrierten elektronischen Steuerelementen. Bereits Kleinkinder erforschen aufmerksam ihre Umgebung. Dabei bleiben ihnen die Medien im Haushalt nicht verborgen. Eltern stellen zum Ertasten und Spielen nicht nur altersgereichte Gegenstände zur Verfügung, sondern sie neigen zudem dazu, Telefon, Handy, Tablet-PC, Computer und Co. dem Erkundungsdrang des Kindes zur Verfügung zu stellen.

Die Mediensozialisation formt oder beeinflusst den Rezipienten nicht ohne weiteres, (vgl. Hoppe/Josting 2006, S.9). Vielmehr werden die Medienangebote stets subjektiv wahrgenommen (ebd.). Dadurch können Geschichten und Identifikationsfiguren aus dem Medienbereich, helfend beim Verständnis weltlicher Zusammenhänge sein (ebd.). Kinder formen demnach die medialen Figuren bzw. Inhalte so um, dass sie in ihre Wahrnehmungswelt hineinpassen und sich einfügen in ihre Interessen- und Bedürfnis-vorstellungen (ebd.).

Medien, als eine der tertiären Sozialisationsinstanzen, sind aus keinem Kinderzimmer wegzudenken. Bereits im frühen Kindesalter wirken sie sich, zumeist offenkundig und inhaltlich beeinflussend, auf die geschlechtsspezifische Entwicklung und Orientierung der Kinder aus. Bereitgestellt durch die primäre Sozialisationsinstanz: Eltern und anschließend durch die Geschwister zugänglich gemacht, begegnen Medien den Kindern in der sekundären Sozialisationsinstanz: Kindergarten und werden in der tertiären Sozialisationsinstanz: Schule angewandt und eingefordert.

5. Geschlechtersensibler Erwerb von Computerkompetenzen, Kinder bis sechs Jahre

Im Schulgesetz des Landes Sachsen-Anhalt wird mit dem Erziehungs- und Bildungsauftrag verbindlich festgelegt, dass es ein zentrales pädagogisches Anliegen ist, Schülern bereits im Grundschulalter an den reflektierenden Umgang mit verschiedenen Medien (als Informations- und Kommunikationsmittel) heranzuführen (vgl. Kultusministerium Sachsen-Anhalt, Grundsatzband 2007, S. 9, vgl. URL 1). In der sich verändernden Gesellschaft wird u.a. im Medienumgang eine wichtige Voraussetzung für selbstbestimmtes Handeln, die Übernahme sozialer Verantwortung, sowie die Bewältigung gesellschaftlicher Anforderungen gesehen (ebd.). Deshalb ist Medienerziehung in der Grundschule bereits ein fester Bestandteil geworden, welcher in allen Fächern Anwendung findet (ebd., S.10). Damit stellt sich deutlich heraus, welcher Stellenwert diversen Medien im 21. Jahrhundert zukommt.

Die jährlich in Auftrag des Medienpädagogischen Forschungsverbunds Südwest (mpfs) gegebene KIM-Studie führt Basisstudien zum Stellenwert der Medien im Alltag von Kindern (6 bis 13 Jahre) durch (vgl. URL 11). Die Ergebnisse machen dahingehend u.a. deutlich, dass der Computer in der Schule bei Sechs- bis Siebenjährigen bereits in diversen Tätigkeitsbereichen[8] mindestens einmal pro Woche zum Einsatz kommt (vgl. KIM-Studie 2010, S.29, vgl. URL 2). Doch nicht nur in der Schule wird der Computer von den Sechs- bis Siebenjährigen bereits genutzt. Die KIM-Studie 2010 zeigt zudem auf, dass Kinder, mindestens einmal pro Woche, unterschiedliche Tätigkeiten[9] am Computer für die Schule ausführen (ebd., S.28).

Damit wurde fundiert aufgezeigt, dass der Computer bereits ein Bestandteil u.a. in der und für die Grundschule geworden ist. Er wird als ein Arbeitsmittel mitunter zur Erarbeitung von Lerninhalten und zur Erfüllung von Arbeitsanforderungen im und für den Grundschulunterricht gebraucht. Umso wichtiger ist es folglich, dass Kindern eine pädagogisch, angeleitete Heranführung, bezüglich des Erwerbs von elementaren Computerkenntnissen, bereits im Elementarbereich vermittelt bekommen. Das bedeutet,

---

[8] In der Schule: 8% Mailen und Chatten, 10% Präsentationen erstellen, 28% lesen oder suchen im Internet, 33% Programm erlernen, 36% für Berechnungen, 51% Texte schreiben, 74% Lernprogramme nutzen (vgl. KIM-Studie 2010, S.29, vgl. URL 2)
[9] Für die Schule: 6% Präsentation erstellen, 13% Programm lernen, 14% zum Berechnen, 43% suchen oder lesen im Internet, 53% Texte schreiben, 72% Lernprogramm benutzen (vgl. KIM-Studie 2010, S.28, vgl. URL2)

dass mit dem Schuleintritt die geforderten und erforderlichen Kompetenzen[10] mitzubringen sind, um den Schulalltag hinreichend mitgestalten zu können. Das ist wichtig, da alle weiterführenden Schulen komplexe Computerkompetenzen[11] voraussetzen (vgl. Korte 2011, S. 266). Demnach ist es als notwendig zu betrachten, ein pädagogisches Konzept für den Erwerb von Computerkenntnissen im Elementarbereich zu erstellen und umzusetzen. Doch wie im Kapitel 3 herausgestellt wurde, sind Mädchen und Jungen nicht nur auf der Grundlage ihrer biologischen Konstitution verschieden, sondern zudem auf Grund genetisch-hormoneller und sozialer Einflussfaktoren. Bezüglich des Erwerbs von Computerkompetenzen muss dabei eine altersgemäße und geschlechtersenible Betrachtungsweise unternommen werden. Dabei ist festzustellen, mit welchem Eintrittsalter im Elementarberiech eine pädagogisch, angeleitete Computerarbeit begonnen werden könnte.

5.1 Frühkindliches Einstiegsalter für den Erwerb von Computerkompetenzen

Im Kapitel 4.2.1 wurde sich mit der frühkindlichen Amnesie auseinandergesetzt. Diese wird erst mit vier bis fünf Jahren, auf Grund der Entwicklungsprozesse des Gehirns überwunden (vgl. Wiedenhöft 2010, S.12). Vernetzungen ermöglichen dann erst den bewussten Abruf abgespeicherter Erfahrungen aus dem Langzeitgedächtnis (ebd.). Zudem begünstigt die enorm hohe Gedächtnisleistung, welche bei Vorschulkindern nachgewiesen werden konnte, eine pädagogisch, angeleitete Computerarbeit (vgl. Korte 2011, S.58). Im selben Kapitel wird darauf hingewiesen, dass sich Kinder zwischen dem ersten und dritten Lebensjahr im sprachlichen Bereich ihren Wortschatz stetig erweitern (ebd., S.160). Das wird vor allem durch die biologisch begründete Gehirnreifung möglich und der damit verbunden Erweiterung der frühkindlichen Auffassungsgabe (ebd., S.159). Das Eintrittsalter an Hand sprachlicher Fähigkeiten festzumachen, könnte eine Möglichkeit darstellen, da Kinder neue Namenszuweisungen von Objekten oder Sachverhalten im Langzeitgedächtnis erst dann abspeichern und wieder abrufen können, wenn diesbezüglich bereits erworbene Eindrücke vorhanden sind und diese folglich durch Wiederholungen bestärkt werden. Um, wie im Kapitel 3.2.4 bereits beschrieben, eine Überforderung zu vermeiden, könnte eine flexible Handhabung des Einstiegsalters bei der Computerarbeit sich als vorteilig erweisen (vgl. Kiphard 2002, S.86). Aus dem Aspekt heraus, dass Kinder gleichen

---

[10] „Kompetenzen beschreiben die kognitiven Fähigkeiten und Fertigkeiten sowie die damit Verbundenen motivationalen, volitionalen und sozialen Bereitschaften und Fähigkeiten, um Problemlösungen in variablen Situationen erfolgreich und verantwortungsvoll nutzen zu können."(vgl. URL 1)
[11] „Computerkompetenz umfasst die sichere und kritische Anwendung der Technologien der Informationsgesellschaft (TIG) für Arbeit, Freizeit und Kommunikation […]" (vgl. URL 12)

Alters nicht zwingend körperlich und kognitiv gleich weit entwickelt sind, ist dies eine Möglichkeit, frühkindliche Schädigungen durch zu führe Anforderungen, zu vermeiden. Schlussfolgernd daraus wäre es erwägenswert, das Einstiegsalter für den frühkindlichen Erwerb von Computerkompetenzen bei vier Jahren anzusetzen. Sprachlich, kognitive Fähigkeiten sind bis dato ausreichend vorhanden, um elementare Computerkenntnisse spielerisch, pädagogisch, angeleitet zu erwerben. Eine geschlechtsspezifische Betrachtungsweise käme dabei nicht in Betracht, da ein flexibles Eintrittsalter beide Geschlechter gleichermaßen berücksichtigen würde. Das Einstiegsalter (mit vier Jahren) könnte somit hinlänglich der geistigen Entwicklung flexibel festgestellt werden, um Überforderungen möglichst zu vermeiden.

5.2 Sollte der Erwerb von Computerkompetenzen geschlechtersensibel erfolgen?

Im Kapitel 3 wurde darstellt, dass bereits vorgeburtlich ein eher „weiblich" oder „männlich" orientiertes Gehirn angelegt wird (vgl. Eliot 2010, S.65). Dieses muss nicht zwingend mit dem biologisch angelegten Geschlecht korrelieren. Im Kindergarten wurde im Kapitel 4.2.4 diesbezüglich beschrieben, dass beide Geschlechter gleichermaßen die Tendenz aufweisen, sich nur mit gleichgeschlechtlichen Spielgefährten zu umgeben (ebd., S.186). Dieses Verhalten wird von den Betroffenen als selbstverständlich aufgefasst und nicht angezweifelt (ebd., S.173). Damit einher geht im Kindergartenalter ein weiterer Aspekt. In Gleichaltrigengruppen, wie im Kapitel 4.2.5 bereits Näheres dazu erläutert wurde, haben es demzufolge ganz besonders die nonkonform verhaltenden Mädchen und Jungen schwer, bei denen sich das biologische Geschlecht maßgeblich von der Orientierung des Gehirns unterscheidet. Aus diesen Gründen resultierend, könnte es sich als zweckmäßig erweisen, den Mädchen und Jungen die Möglichkeit zu geben, sich selber einer Gruppe zuzuordnen. Denn die eigene Geschlechtsidentität, welche sich im Alter von zwei bis drei Jahren beginnt herauszuprägen, ist nicht nach Außen hin ersichtlich. Solche Begebenheiten sind u.a. durch Verhaltensbeobachtungen zu erfassen. Damit könnte der Erwerb von Computerkompetenzen, den Geschlechtern gleichermaßen gewährleistet werden.

Die Grundlagen des frühkindlichen Spiels (u.a. Rollenspiele) stellen eine Möglichkeit dar, Kinder an den Computer zu führen. Rollenspiele stellen Spielsituationen nach, die aus dem Erfahrungsbereich der Drei- bis Fünfjährigen herrühren und bereits vertraut sind (vgl. Bader 2005, S.63). An dieser Begebenheit lässt sich für den frühkindlichen Erwerb von Computerkompetenzen ableiten, dass an diesen vertrauten Erfahrungsbereich angeknüpft werden könnte. Demnach ist es denkbar, dass Aufgabenstellungen an den Erfahrungsbereich der Kinder anschließen. Damit würden sich die Anforderungen primär auf den Gebrauch und den Umgang mit dem Computer beschränken und nicht noch zusätzlich mit den Inhalten der gestellten Aufgabe. Überforderungen könnten damit vermieden werden und die Freude beim Erkunden und Ausprobieren bliebe den Kindern erhalten.

Mädchen tendieren eher zu Aktivitäten welche stillsitzend erfolgen können und einen gegenseitigen Austausch ermöglichen (vgl. Eliot 2010, S.186). Deshalb bevorzugen sie im Kindergarten vor allem die Mal-, Bastel-, oder Kuschelecke (ebd., S.239). Das Miteinander läuft dabei in einem eher eingeschränkt zu bezeichnenden Aktionsradius ab (vgl. Walter 2005, S.92). Für den geschlechtersensiblen Erwerb von Computerkompetenzen könnte das bedeuten, dass nicht nur der Arbeitsbereich Computer einer genaueren Betrachtung unterliegt, sondern zudem die Raumbegebenheiten den Bedürfnissen der Mädchen anzupassen sind. Aus dem Kontext zu entnehmen, könnten Computerarbeitsplätze für Mädchen kurze Laufwege aufweisen, um den Aktionsradius zu begrenzen und so einen Raum der Geborgenheit zu schaffen. Zudem sind Stationen (ähnlich der Mal-, Bastel-, und Kuschelecke) an denen gearbeitet werden kann, als vorteilig zu erachten, da daran mitunter stillsitzend und im gegenseitigen Austausch die Aufgaben bewältigt werden könnten.

Jungen vermeiden tendenziell langwierige, stillsitzende Tätigkeiten und sind gern vom anderen Geschlecht und dem pädagogischen Personal separiert. Spielsituationen die körperliche Aktivitäten und Interaktionen zu intensiven Körperkontakt fordern, kommen bei ihnen verhäuft zum Vorschein (vgl. Eliot 2010, S.239). Demnach sind ihre Anforderungen an den Spielraum als einnehmend zu bezeichnen (vgl. Walter 2005, S.92). Für den geschlechtersensiblen Erwerb von Computerkompetenzen könnte daraus abgeleitet werden, dass ihr Arbeitsbereich am Computer Aktionsfreiheiten zulassen müsste. Die Raumbegebenheiten für Jungen könnten demzufolge weitläufige Erarbeitungswege aufweisen, um zwischendurch die Jungen körperlich zu fordern. Stationen wären bei den Jungen demnach eine in Erwägung zu ziehende Variante, mit dem Unterschied, hierbei eher stehende Arbeitsplätze zur Verfügung zu stellen, um ihrem Bewegungsdrang eine Möglichkeit der Entladung zu ebnen.

Die Aufgabenstellungen könnten zudem auf eine eher passive Arbeitsweise bei Mädchen und eine eher aktivere Arbeitsweise bei Jungen im Schwerpunkt ausgelegt werden und somit die Arbeit am und mit dem Computer geschlechtersensibel zu gestalten.

Das biologische Geschlecht stellt nicht zwingend das soziale Geschlecht dar (vgl. Diefenbach 2010, S.255). Dies wurde im Kapitel 4.2 beschrieben und diesbezüglich verdeutlicht, dass daraus folgend ein biologisches Mädchen eine Vorliebe zu jungenspezifischen Spielsachen ausprägen kann und ein biologischer Junge zu mädchenspezifischen Spielsachen. Zu diesem Aspekt kommt hinzu, dass mit dem Kindesalter ein zunehmendes ablehnendes Verhalten gegenüber Spielsachen des jeweils anderen Geschlechts einhergeht (mit vier Jahren deutlich zu erkennen), welches in Desinteresse mündet (vgl. Hannover 2008, S.345). Bei fünfjährigen Mädchen ist hingegen zu erkennen, dass sie eine Vorliebe für beide Spielzeug-varianten aufzeigen (vgl. Eliot 2010, S.184). Jungen hingegen werden erst mit sechs Jahren allmählich toleranter gegenüber der Verwendung geschlechtsuntypischer Spielsachen (vgl. Hannover 2008, S.345). Für die Arbeit am Computer und dem damit verbundenen geschlechtsspezifischen Erwerb von Computerkompetenzen könnte man daraus schließen, dass die verwendete Software den Kindern nach Neigung zur Verfügung gestellt wird. Dabei wäre eine Anforderung an die Softwareprogramme gestellt. Demnach müssten Avatare[12], Stimmen und Verhaltensweisen, bzw. Spiel-raumgestaltungen in den Voreinstellungen des Programms wählbar sein, um diesen Anforderungen gerecht zu werden.

Der kommerzielle frühkindliche Spielzeug- und Medienmarkt macht deutlich erkennbar, dass es erschwert wird, Geschlechterrollenklischees zu umgehen oder abzu-schwächen. Im Kapitel 4.2.6 wurde diesbezüglich darauf hingewiesen. Spielzeugab-teilungen sind gut erkennbar nach mädchen- und jungentypischen Spielzeugartikeln unterteilt. Nur ein kleiner Bereich des Sortiments in Spielwarenläden ist neutral gestaltet (vgl. Eliot 2010, S.176). Für den Einsatz von Software im frühkindlichen Bereich wurde demzufolge ein neutral gestaltetes Softwareprogramm in Erwägung kommen, weil somit u.a. von der Spielwarenindustrie vorinduzierte Geschlechterrollen-klischees bereits im frühen Kindesalter nivelliert werden könnten.

Im vorherigen Punkt wurden für die Computerarbeit im frühkindlichen Bereich variable geschlechtsbezogene Softwareeigenschaften benannt. Demnach sollte nach den gestellten Anforderungen abgewogen werden, welche Software zum Einsatz kommen könnte. Den dargelegten Begründungen zu Folge, ständen dem geschulten pädagogi-schen Personal entweder geschlechtsdifferenzierte oder neutrale Softwareprogramme zur Auswahl.

---

[12] Dabei handelt es sich u.a. um eine künstliche Person in einem Computerspiel. Als Avatare können sich auch reale Personen, virtuell nachbilden und als grafische Stellvertreter in Computerwelten agieren.

In Anbetracht der Ausführungen in diesem Kapitel ist ein frühkindlicher Erwerb von Computerkompetenzen im Elementarberiech, auf Grund geschlechtsspezifischer Entwicklungsunterschiede, geschlechtersensibel zu betrachten. Daraus ist abzuleiten, dass getrenntgeschlechtliche Gruppen am Computer ungezwungener agieren können.

5.3 Muss das Prinzip der Koedukation hinterfragt werden?

Koedukativer Unterricht im 21. Jahrhundert basiert u.a. auf dem Grundgesetz Art.3. (vgl. Kapitel 2.2). Im Elementarbereich finden sich in den pädagogischen Institutionen koedukative Strukturen wieder (vgl. Kapitel 2.4). Diese haben ebenfalls einen Erziehungs- und Bildungsauftrag, nach dem das Kindertagesstättengesetz Art.1, §5 des Landes Sachsen-Anhalt (Kita-G), zu erfüllen ist (vgl. Kita-G Sachsen-Anhalt, vgl. URL 13). Im Fähigkeits-, Fertigkeits- und Wissensbereich, auch hinlänglich des Medienumgangs wird der zunehmend geforderte Kompetenzerwerb aus dem Schulbereich, auf die Kindergärten umgelegt (vgl. Lange 2007, S.52). Um sozial benachteiligten Kindern Chancengleichheit zu gewährleisten, müssten allen Kindern gleichermaßen, Bildungsinhalte im Elementarbereich zugänglich gemacht, auch bezogen auf den Umgang mit Medien und den u.a. damit verbunden Erwerb von Computerkompetenzen (vgl. Kapitel 4.2.4). Die Frage, ob das Prinzip der Koedukation hinterfragt werden muss, stellt dabei einen Aspekt im Bereich des Erwerbs von Computerkompetenzen dar.

Das Prinzip der Koedukation im Bildungsbereich, wurde in Deutschland erst um 1960 etabliert (vgl. Kapitel 2). Im 21. Jahrhundert ist es u.a. durch die Gesetzeslage bestimmt, in der staatlichen Schullandschaft koedukativ zu unterrichten. Im Elementarbereich werden die Kinder in gemischtgeschlechtlichen Gruppen betreut. Die Medienlandschaft stellt heute beide Bereiche vor neue Aufgabengebiete.

Ein aktueller Bezug kann auf ein allmählich anklingendes Umdenken im Elementarbereich hindeuten. Der Schulhort in Hohenmölsen (Burgenlandkreis) ist ein aktuelles Beispiel dafür (vgl. Amtsblatt der Stadt Hohenmölsen 2012, S.9). Diese pädagogische Einrichtung evaluierte im Juli 2012 den neuen Aufgabenbereich der *„Bildung elementar"* (ebd.). Das große Ziel der Hortarbeit ist es, geschlechtersensibel an das Thema: *„Wie lernen Mädchen und Jungen"* heranzugehen. Dabei werden nunmehr den Hortkindern auch geschlechterspezifische Angebote und Spielmöglichkeiten bereitgestellt (ebd.).

In diesem Kontext sollte zudem auf die Marburger Studie von Rost und Pruisken, aus dem Veröffentlichungsjahr 2000 verwiesen werden. In dieser Studie wurden Koedukations- gegenüber Monoedukationsauswirkungen hinlänglich verschiedener Bereiche untersucht (vgl. Rost/Pruisken 2000, S.177-193). Dabei wurde eine Stichprobe (N= 649) aus vier Gruppen gezogen. Diese Gruppen setzten sich aus Schülerinnen einer Mädchenschule und Schülerinnen aus monoedukativen Klassen koedukativer Schulen, als auch Mädchen wie Jungen aus koedukativen Klassen derselben Schulen zusammen (ebd.). Die Ergebnisse wiesen auf, dass eine geringe Relevanz zwischen Monoedukation und Koedukation daraus hervorging (ebd.). Die Ergebnisse konnten die Frage nach dem „besseren" Unterrichtskonzept nicht eindeutig beantworten (ebd.). Es gibt demnach bislang keine eindeutig wissenschaftlich erwiesene Regel, welche Unterrichtsform die „bessere" sei. In Anbetracht dieser Tatsache ist die Frage eher danach auszurichten, was aus der im Kapitel 5.2 erlangten Beweisführung gezogen werden kann, bezüglich welche Konzeptführung beim Erwerb von Computerkompetenzen einbezogen werden sollte.

Die geschlechtsspezifischen Unterschiede wurden bereits im Kapitel 3 und 4 fundiert aufgezeigt. Daraus wurden Schlussfolgerungen im Kapitel 5.2 getroffen, wie Mädchen und Jungen Computerkompetenzen erwerben könnten. Das Kapitel 5.1 ergründete dabei, welches Einstiegsalter in der Gesamtbetrachtung in Erwägung zu ziehen wäre. Dies führt bereits auf die Annahme hin, dass koedukative Konzepte im Untersuchungs-schwerpunkt, sich als nicht hinlänglich erweisen könnten. Demnach ist die eingangs gestellte Frage, ob das Prinzip der Koedukation bezüglich des geschlechterseniblen Erwerbs von Computerkompetenzen hinterfragt werden muss, zu Bejahen. Für monoedukativ gewichtete Konzeptionen, hinlänglich des Erwerbs von Computer-kompetenzen und demnach eher gegen Koedukation bei der elementaren Computer-arbeit, sprechen vor allem die aufgeführten geschlechtsspezifischen Unterschiede bei Kindern bis sechs Jahren. Folgend wird in der Tabelle 1 eine Argumentation geführt, die diese Behauptung bekräftigt.

Tabelle 1: Argumente für monoedukative Konzepte, bezüglich des geschlechtersensiblen Erwerbs von Computerkompetenzen, bei Kindern vier- bis sechs Jahre

Argumente für monoedukative Konzepte, bezüglich des geschlechtersensiblen Erwerbs von Computerkompetenzen, bei Kindern vier- bis sechs Jahre	
Argument 1	Monoedukativ ausgerichtete Konzepte, für die elementare Medienarbeit bei Kindern ab vier Jahre, könnten gegebenenfalls den natürlichen Drang nach geschlechtergetrennten Spielgruppen und geschlechtsspezifischen Spielutensilien, begleitend stützen.
Argument 2	Zudem ist es den Geschlechtern in monoedukativen Konstellationen möglich, die ihnen gestellten Aufgaben nach ihren geschlechtsspezifischen Interessen heraus zu ergründen, ohne sich der Kritik des jeweils anderen Geschlechts auszusetzen und dabei in ihren Entscheidungen beeinflusst zu werden.
Argument 3	Die Erschließung des Computers stellt bereits hohe Anforderungen an das Kind dar und erfordert eine ausreichend vorhandene Auffassungsgabe. Monoedukative Gruppen legen den Fokus nicht auf die Auseinandersetzung bezüglich des Geschlechts, sondern auf die gestellten Aufgaben und dem Erwerb von Medienkompetenzen.
Argument 4	Im Kindergarten ist eine Tendenz zu Zweierfreundschaften zwischen gleichgeschlechtlichen Kindern zu beobachten (vgl. Biffi 2011, S.150). Für eine monoedukative Konzepterstellung könnte daraus abgeleitet werden, dass sozial- emotionale und moralische Kompetenzen durch die begünstigende Situation der Geschlechter unter sich, unterstützend wirken würden.
Argument 5	Gruppenarbeit ist im monoedukativen Rahmen gegeben und allenfalls eine Frage der Aufgabenstellung. Im gegenseitigen Austausch könnten dabei die ähnlichen Interessen Gleichaltriger, begünstigend auf das Erarbeitungsklima wirken und den Erwerb sozialer Kompetenzen unterstützen.
Argument 6	Mädchen und Jungen, so wurde es hinlänglich im Kapitel 3 aufgeführt, spielen unterschiedliche Spielsituationen nach und verhalten sich zudem im Miteinander verschieden. Eine monoedukative Herangehensweise könnte darauf bezogen, eine Möglichkeit darstellen, Unstimmigkeiten zwischen den Geschlechtern zu nivellieren und damit die Konzentration fokussierend auf den Erwerb von Computerkompetenzen zu lenken.
Argument 7	Jungen sind aktiver und neigen dazu „willensschwache" Kinder zu unterdrücken. Da Mädchen sich gern anleiten lassen und Jungen eher zum Anleiten geneigt sind, ist eine monoedukative Arbeitsweise für die Geschlechter dahingehend als vorteilig zu erachten, da unsichere Kinder dann auch zum Zug kommen könnten.

Die aus der Tabelle 1 ersichtliche Argumentation für monoedukative Konzeptionen bezüglich einer frühkindlichen Computerarbeit im Elementarbereich, stellt damit das Prinzip der Koedukation, in diesem Kontext, in Frage. Monoedukation kann daraus folgend eine Möglichkeit darstellen, einen geschlechtersensiblen Erwerb von Computerkompetenzen zu fördern und damit den Anforderungen an die Kinder, bereits im Schuleingangsbereich, gerecht zu werden.

6. Schlusswort

Ziel der vorliegenden Bachelorarbeit war es, bezüglich des Erwerbs von Computer-kompetenzen eine geschlechtersensible Betrachtung vorzunehmen und nachweisliche Entwicklungsunterschiede zwischen den Geschlechtern anzuführen. Diese in Bezug zueinander zu setzen und Möglichkeiten abzuleiten, die eine Computerarbeit im Elementarbereich stützen könnten. Daraus wurden Rückschlüsse abgeleitet, welche tendenziell eine monoedukative Vermittlungsmethode in Erwägung zieht und ein Vor-schlag für ein Eintrittsalters unterbreitet.

Auf Grund der gewonnenen Erkenntnisse aus den einzelnen Kapiteln kann behauptet werden, dass es einer geschlechtersensiblen Herangehensweise bedarf, wenn aus-schließlich der Erwerb von Computerkompetenzen bei Kindern bis sechs Jahren betrachtet wird. Für diese Argumentation waren im Kapitel 3 Mädchen und Jungen hinsichtlich ihrer frühkindlichen Entwicklung der eigenen Geschlechtsidentität Untersuchungsschwerpunkt. Um fundiert einen geschlechtersensiblen Erwerb von Computerkompetenzen zu stützen, bezog sich das Kapitel 4 ausschließlich auf ge-schlechtsspezifische Entwicklungsunterschiede. Die Beweisführung wurde in zu Hilfenahme vereinzelter Sozialisationsinstanzen verdeutlicht. Was den zweiten Teil der Fragestellung betrifft, ob das Prinzip der Koedukation hinterfragt werden sollte, konnte argumentierend zugestimmt werden. Das Kapitel 5 fasst diverse Argumente für diese Stellungnahme zusammen.

In der vorliegenden Arbeit handelt es sich um eine rein theoretisch gestützte Faktensammlung und daraus abgeleitete Argumentationen. Die dargelegten Er-kenntnisse daraus sind als relativ zu betrachten, denn obwohl es Argumente für eine eher monoedukative Herangehensweise bei der Umsetzung einer geschlechter-sensiblen Computerarbeit aufgezeigt wurden, gibt es zudem Argumente für koedukative Konzeptstrukturen. In diesem Zusammenhang stünde die Tatsache, dass Eltern geschlechtsspezifisch mit ihren Kindern sprechen (vgl. Diefenbach 2010, S.257f). Monoedukation würde diese Sprechunterschiede eher verstärken, als sie zu nivellieren. Doch ist hierbei wohl benannt, dass es sich um den ausschließlichen Blick auf die Computerarbeit und den Erwerb elementarer Computerkompetenzen bezieht. Andere Bereiche aus den Erziehungs- und Bildungsaufgaben im Elementarbereich wurden nicht betrachtet oder in ihrer bisherigen koedukativen Konzeptionierung untersucht.

Diese Arbeit bezieht sich primär auf den Elementar- und Primarbereich Sachsen-Anhalts. Wie dabei ersichtlich wurde, existieren in den 16 Bundesländer Deutschlands keine einheitlichen Bildungs- und Erziehungspläne (vgl. Kapitel 2). Für eine thematische Weiterführung könnte ein bundesweiter diesbezüglicher Vergleich deutlich machen, in welchen Bundesländern die Chancen für eine geschlechtergetrennte Computerarbeit im Elementarbereich bestünden.

Argumente für geschlechtsspezifische Aufgabenstellungen, Raumausstattungen und Gruppenteilungen sind auf Grundlage theoretischer Beweisführungen erschlossen wurden und in der Praxis noch zu prüfen. In den Ausführungen dieser Arbeit muss bedacht werden, dass grundsätzlich vom Idealtyp „weiblich" oder „männlich" ausgegangen wurde. Abnormitäten, Behinderungen, Krankheiten oder Ausnahmefälle finden dabei keine weitere Berücksichtigung. Kinder sind Individualisten und Abweichungen von der Norm eher die Regel, als die Ausnahme. In Forschungen gilt es darum, zu untersuchen, wie sich die theoretisch hergeleiteten Argumente für monoedukative Konzeptionen in der elementaren Computerarbeit, im Alltag umsetzen lassen.

Da bereits erklärt wurde, dass in der vorliegenden Bachelorarbeit basierend auf theoretischen Wissen vorgegangen wurde, müssten folglich weiterführende Fragestellungen unternommen werden, um die geschlussfolgerten Annahmen mit praktischen Ergebnissen zu vergleichen und Rückschlüsse daraus ziehen zu können. Fragestellungen könnten sich mit der Umsetzung geschlechtergetrennter Gruppen im Elementarbereich, bezogen auf die Arbeit am Computer, auseinandersetzen. Da Studien bislang nicht luzid klären konnten, ob Monoedukation oder Koedukation die „bessere" Unterrichtung darstellt, könnte in einer Pilotstudie untersucht werden, wie es sich damit im Elementarbereich verhält.

Bereits Goethe beschrieb in seinem Roman 1809, dass ein Mensch lebenslang lernt (vgl. Goethe 1915, S.30). Das eingangs verwendete Zitat lässt zu interpretieren, dass im Bildungsbereich fortlaufend neue Erkenntnisse und Entwicklungen es bedingen, sich diese Neuerungen anzueignen, um mit der Zeit zu gehen. An Aktualität hat jener Sachverhalt bis heute nichts eingebüßt. Medien sind Sozialisationsgrößen geworden und unterliegen stetigen Neuerungen. Demnach stellt das Wissen um Handhabung und Umgang damit, einen stetigen Lernprozess dar. Lernen war und ist demnach eine Lebensaufgabe. Dies bedingt, neue Sichtweisen im elementaren Bildungsbereich zuzulassen und zur Diskussion freizugeben. Wie es in der vorliegenden Arbeit im Ansatz unternommen wurde.

Literaturverzeichnis

Bader, Roland (2005): Medienarbeit als Spiel. Entwicklungspsychologische Voraus-setzungen für die aktive Medienarbeit mit Kindern. In: G. Anfang, K. Demmler, K. Lutz (Hrsg.); Mit Kamera, Maus und Mikro. Medienarbeit mit Kindern (58-68). 2. erw. Auf-lage. München: KoPäd Verlag.

Biffi, Cornelia (2011): Die Konstituierung von Freundschaften in der Schuleingangs-stufe. In: F. Vogt, M. Leuchter, et al.; Entwicklung und Lernen junger Kinder (147-160). Münster: Waxmann Verlag.

BMFSFJ- Bundesministerium für Familie, Senioren, Frauen und Jugend: Chancenge-rechtigkeit durch Bildung. In: Ein Kinder- und Jugendreport zum Nationalen Aktionsplan (NAP). Für ein kindgerechtes Deutschland 2005-2010 (2006), S.14- 27.

Bürgermeister der Stadt Hohenmölsen: Schulhort. Alle Erzieher aus dem Hort Hohenmölsen halten ihr Zertifikat in den Händen. In: A. Haugk (Hrsg.); Amtsblatt der Stadt Hohenmölsen (2012), Nr.:8, Jahrgang 22, S. 9.

Eliot, Lise (2010): Wie verschieden sind sie? Die Gehirnentwicklung bei Mädchen und Jungen. Aus dem amerikanischen Englisch von Christoph Trunk. Berlin: Berlin Verlag.

Diefenbach, Heike (2010): Jungen- die „neuen" Bildungsverlierer. In: G. Quenzel und K. Hurrelmann (Hrsg.); Bildungsverlierer- Neue Ungleichheiten (245-267). o.V. .

Demmler, Kathrin (2005): Medienarbeit mit Kleinkindern- macht das Sinn?. In: G. Anfang, K. Demmler, K. Lutz (Hrsg.); Mit Kamera, Maus und Mikro. Medien-arbeit mit Kindern (71-74). 2. erw. Auflage. München: KoPäd Verlag.

Faulstich-Wieland, Hannelore (1991): Koedukation-Enttäuschte Hoffnungen?. Darmstadt: Wissenschaftliche Buchgesellschaft.

Goethe, Johann Wolfgang von (1915): Die Wahlverwandtschaften. In: T. Friedrich (Hrsg.); Die Wahlverwandtschaften. Leipzig: Reclam.

Hannover, Bettina (2008): Vom biologischen zum psychologischen Geschlecht: Die Entwicklung von Geschlechtsunterschieden. In: A. Renkl (Hrsg.); Lehrbuch Pädagogische Psychologie (339-380). Bern: o.V. .

Hasselhorn, Marcus (2011): Lernen im Vorschul- und frühen Schulalter. In: F. Vogt, M. Leuchter, et al.; Entwicklung und Lernen junger Kinder (11- 21). Münster: Waxmann Verlag.

Heinzel, Fabian (2011): Erinnerung, Emotion, Illusion. Das Gedächtnis und seine Folgen. Norderstedt: Books On Demand.

Hoppe, Heidrun; Josting, Petra (2006): Schule im Kontext geschlechtsspezifischer Mediensozialisation. In: P. Josting/H. Hoppe (Hrsg.), Mädchen, Jungen und ihre Medienkompetenzen. Aktueller Diskurs du Praxisbeispiele für den (Deutsch-) Unterricht (7-24). München: KoPäd.

Jansen- Schulz, Bettina (2004): Gender und Computerkompetenzen in der Grund-
schule. In: B. Jansen-Schulz/C. Kastel (Hrsg.), „Jungen arbeiten am Computer,
Mädchen können Seil springen…". Computerkompetenzen von Mädchen und
Jungen. Forschung, Praxis und Perspektiven für die Grundschule (13-20).
München: KoPäd.

Jäger, Marianna (2011): Spielen aus der Perspektive von Erstklässlerinnen und Erst-
klässlern. Anmerkungen zu einzelnen Dimensionen des Spiels. In: F. Vogt, M.
Leuchter, et al.; Entwicklung und Lernen junger Kinder (133- 146). Münster:
Waxmann Verlag.

Kemnitz, Heidemarie (1966): „Jungen und Mädchen auf einer Bank"- Zum Umgang mit
der Koedukation in der DDR. In: J. Speck (Hrsg.), F. Bittmann, W. Hartmann, H.
Steinhaus, Das Problem „Koedukation" (82-100). Heft 3. Münster: Verlag F.
Kamp Bochum.

Kiphard, Ernst J. (2002): Wie weit ist ein Kind entwickelt? Eine Anleitung zur Entwick-
lungsüberprüfung. 11., verb. Auflage. Dortmund: verlag modernes lernen.

Korte, Martin (2011): Wie Kinder heute lernen. Was die Wissenschaft über das
kindliche Gehirn weiß. Handbuch für den Schulerfolg. München: Goldmann
Verlag.

Kraul, Margret (1999): Koedukation: Determination ihrer Geschichte. In: M.
Horstkemper, M. Kraul (Hrsg.), Koedukation. Erbe und Chance (20-
37).Weinheim: Deutscher Studien Verlag.

Lange, Andreas (2007): Das Kind in der Familie. Medienhandeln aus der Sicht der
Familienforschung. In: H. Theunert (Hrsg.); Medienkinder von Geburt an.
Medien-aneignung in den ersten sechs Lebensjahren (41-58). München:
KoPäd.

Luca/Aufenanger (2007):Geschlechtersensible Medienkompetenzförderung.
Mediennutzung und Medienkompetenz von Mädchen und Jungen sowie
medienpädagogische Handlungsmöglichkeiten. Band 38. Berlin: VISTAS.

Quenzel, G.; Hurrelmann, K.: Geschlecht und Schulerfolg: Ein soziales Stratifikations-
muster kehrt sich um. In: Kölner Zeitschrift für Soziologie und Sozialpsychologie
(2010), S.61-86.

Reichert-Garschhammer (2007): Medienbildung als Aufgabe von Tageseinrichtungen
für Kinder bis zur Einschulung. Rückschau- aktueller Stellenwert- Vorschau. In:
H. Theunert (Hrsg.); Medienkinder von Geburt an. Medien-aneignung in den
ersten sechs Lebensjahren (79-90). München: KoPäd.

Rost, D.H.; Pruisken C.: Vereint schwach? Getrennt stark? Mädchen und Koedukation.
In: Zeitschrift für Pädagogische Psychologie, 14 (4),(2000), S.177-193.

Singer, Wolf (1992). Hirnentwicklung und Umwelt. In: W. Singer (Hrsg.), C. S.
Goodman & M. J. Bastiani, G. S. Stent & D. A. Weisblat, et al.; Gehirn und
Kognition (50- 65). Heidelberg; Berlin; New York: Spektrum Akademischer
Verlag.

Schorb, Bernd (2007): Kindsein heute. Assoziationen und Gedankensplitter. In: H. Theunert (Hrsg.); Medienkinder von Geburt an. Medien-aneignung in den ersten sechs Lebensjahren (17-24). München: KoPäd.

Steinhaus, Hubert (1966): Zur pädagogischen Diskussion um das Problem der Koedukation. In: J. Speck (Hrsg.), F. Bittmann, et al.; Das Problem „Koedukation" (44-61). Heft 3. Münster: Verlag F. Kamp Bochum.

Stolzenburg, Elke (1995): Praktische Medienarbeit. K.O.-Edukation oder geht´s auch anders? In: G. M. Achs, B. Schorb (Hrsg.); Geschlecht und Medien (149-155). Reihe Medienpädagogik Band 7. München: KoPäd Verlag.

Theunert, Helga (2007):Medienkinder von Geburt an. In: H. Theunert (Hrsg.); Medien-kinder von Geburt an. Medien-aneignung in den ersten sechs Lebensjahren (7-9). München: KoPäd.

Theunert, Helga; Demmler Kathrin (2007): Medien entdecken und erproben. Null- bis Sechsjährige in der Medienpädagogik (91-118). . In: H. Theunert (Hrsg.); Medien-kinder von Geburt an. Medien-aneignung in den ersten sechs Lebensjahren (17-24). München: KoPäd.

URL 1:   Lehrplan Grundschule, Kultusministerium Sachsen- Anhalt, Grundsatzband (2007).http://www.bildung-lsa.de/pool/RRL_Lehrplaene/lpgsgrnds.pdf, Stand 11.08.2012,17:40.

URL 2:   KIM-Studie 2010. http://www.mpfs.de/fileadmin/KIM-pdf10/KIM2010.pdf, Stand 14.08.2012, 16:00.

URL 3:   Neuenhausen, Benedikta (2009): Koedukation. http://www.inklusion-lexikon.de/Koedukation_Neuenhausen.php. letzter Zugriff 30.07.2012,18:29.

URL 4:   Gerstenberger, Anja (2000): Koedukation - nur Segen oder auch Schaden?. http://www.juppidu.de/juppidu/schule%20beruf/Koedukation.html#anchor. letzter Zugriff 30.07.2012, 18:00.

URL 5:   Grundgesetz für die Bundesrepublik Deutschland. http://www.gesetze-im-internet.de/gg/art_3.html, Stand 03.08.2012, 13:00.

URL 6:   Krebs, Matthias (2008): Neue Medien im Musikunterricht. http://www.opp.udk-berlin.de/opp/uploads/5/56/Neu-alte_Medien.jpg, letzter Zugriff 03.08.2012, 18:15

URL 7:   Gülender Ünlü, Maria (2009): Bachelorarbeit: Gemeinsam einsam? Welchen Einfluss haben MMORPGs auf die Sozialisation von Spielerinnen. http://www.grin.com/object/document.140574/30684d1841a7d945de01347 afa1e1ff2_LARGE.png, letzter Zugriff 06.08.2012, 18:30.

URL 8:   Rieländer, Maximilian (Überarbeitung 2000): Die Funktion der Familie in der Sozialisation. Pädagogisches Institut der Technischen Hochschule Darmstadt, http://www.psychologischeraxis.rielaender.de/Literatur/Familie_Sozialisation. pdf.Stand 09.08.2010, 11:00.

URL 9:   GVBl. LSA 2003, S. 48.
         http://st.juris.de/st/gesamt/KiFoeG_ST.htm, Stand 09.08.2012, 12:15.

URL 10: Kinderförderungsgesetz – KiFöG (2003)
        http://www.sachsen-anhalt.de/fileadmin/Files/gesetz.pdf, Stand 09.08.2012,
        12:30.

URL 11: Medienpädagogischer Forschungsverbund Südwest (mpfs)
        http://www.mpfs.de/index.php?id=268, letzter Zugriff 13.08.2012, 17:30.

URL 12: Schlüsselkompetenzen für lebenslanges Lernen– Ein Europäischer Referenz-
        Rahmen.
        http://www.sozialisation.net, letzter Zugriff 09.08.2012, 12:00.

URL 13: Kindertagesstättengesetz Art.1, §5 des Landes Sachsen-Anhalt (Kita-G),
        http://www.jenshuettich.de/seb-asl.de/alt/downloads/Gesetzentwurf.PDF,
        Stand 12.08.2012, 17:50.

URL 14: Götz, Maya (1999): Rezeption. Begeisterung bei den Kindern, Besorgnis bei
        den Eltern(54-63).
        http://www.br-online.de/jugend/izi/deutsch/publikation/televizion/ 12_1999_2/
        begeisterung_bei_den_kindern.pdf, Stand 21.07.2012, 16:00.

Walter, Melitta (2005): Jungen sind anders, Mädchen auch. Den Blick schärfen für eine
        geschlechtergerechte Erziehung. München: Kösel-Verlag.

Wiedenhöft, Philipp (2010): Förderdiagnostische Überlegungen zum Computereinsatz
        im Kindergarten. Förderung der kindlichen Entwicklung unter Zuhilfenahme von
        Tale-Tainment-Spielen für Kinder vom 3. bis zum 5. Lebensjahr. Saarbrücken:
        VDM Verlag Dr. Müller.

Zacharias, Wolfang (2005): Zielsetzungen und Prinzipien ganzheitlicher Medienerzie-
        hung/Medienbildung. Welche Kompetenzen brauchen Kinder in der Medien-
        welt?. In: G. Anfang, K. Demmler, K. Lutz (Hrsg.), Mit Kamera, Maus und Mikro.
        Medienarbeit mit Kindern (29-46). 2. erw. Auflage. München: KoPäd Verlag